建築・都市レビュー叢書 (06)

みんなの建築コンペ論
新国立競技場問題をこえて

山本想太郎 *Sotaro Yamamoto*
倉方俊輔 *Shunsuke Kurakata*

NTT出版

序　誰がためにコンペはあるのか

コンペとは何か

二〇二〇年三月、新型コロナウイルス感染症（COVID-19）の世界的流行を受けて、当年七月に予定されていた東京オリンピック／パラリンピックの開催延期が決定された。オリンピック史上初の延期という事態となったが、この東京オリンピックはそれ以前にも多くの苦難に晒されてきた。主会場となる《新国立競技場》の建設問題もその一つであった。二〇一三年から二〇一五年にかけて、この建設プロジェクトにおける環境影響や費用超過、そしてその経緯の不透明さなどが大きな社会問題となったのである。その報道の中で、「コンペ」という言葉も毎日のように見出しにあがった。それは《新国立競技場》の設計者を選定するコンペの正当性を問うものであった。

しかしそのとき、そのコンペの良し悪し以前の問題として、そもそも「コンペ」とは何か、何のために行われているのかということは、はたして一般社会に理解されていたのだろうか。いやそれどころか、建築界でも、いつもコンペを実施している国や自治体でも、いつもコンペに参加している建築家たちでも、「コンペは何のためにやっているか」と問われて即答できる人はあまりいないのではないか。そして仮にその答えを挙げられたとして、現在行われているコンペは、その目的のために最も優れた方法となっているといえるのだろうか。コンペというものの意義ややり方について当事者も社会もきちんと合意できていないようでは、新国立競技場コンペが良い結末とならなかったのも当然のことといえるだろう。

さてそれでは、建築の「コンペ」とは何だろうか。それは狭義には「建築設計競技」、すなわち、ある建築計画の設計者を、その建築の設計提案を競わせて選定するという方法を意味する。その意味を拡大して「設計者を競わせて選定する発注方法」と捉えるならば、公共工事の大半はコンペで設計者を選んでいることになる（第3章で詳述）。しかし、たとえば設計料を入札して設計者を決める設計入札などをそこに含めることには違和感を覚える人も多いだろう。やはり建築そのものの文化的な質にかかわる「提案」を競うことが、通念的には「コンペ」といえるのではないだろうか。「コンペ」という言葉は、このようにやや曖昧な意味のまま広く使われている。

本書のタイトルにある「建築コンペ」という言い方は、実は建築業界ではほぼ用いられない。通常は単に「コンペ」、あるいは「設計コンペ」と呼ばれ、冠さなくても当然わかる「建築」は省略されている。たしかに業界人同士で話すならそれでいいだろう。本書があえて「建築コンペ」と題したのは、これからのコンペを建築界に閉じたものとはせず、社会全体でその意義と概念が共有されながらつくられていくものとしたいからである。それゆえ本書では、「コンペ」という言葉の厳密な定義などは行わない。むしろ、その言葉の意味を拡張することで、社会や計画の状況に柔軟に寄り添える「みんなの建築コンペ」に変革していくことを目標とする。

そして、「コンペは何のためにやっているか」。ただ「品質の高い建築をつくるため」という理由だけなら、すでに最高の実力を認められている世界的な建築家、つまりそのコンペの審査委員長のような人に設計を依頼すればいいともいえるだろう。そうではなく、多くの建築提案を競わせ、それらの中から一つを選択するというようなイベントが、なぜ必要なのだろうか。

コンペから、私たちは何を得るのか

新国立競技場問題の後を追うように、東京都江東区豊洲に建設中であった東京都中央卸売市場のプロジェクトも大きな社会問題となった。こちらの問題の中心は建設地の土壌汚染問題であったが、その騒ぎもなんとか乗り越えて、二〇一八年一〇月に以前の築地市場から新しい豊洲市場への大移転は果たされ、開場した。この《豊洲市場》も、〝プロポーザル〟(この〝〟付きのプロポーザルについては第3章で詳述する)という疑似コンペ方式で設計者が選定されたものである。一応、一般公募の形式はとられたが、「五万㎡以上の卸売市場の設計実績のある者」という参加条件が付されたため、応募はわずか二社のみであった。

強い移転反対運動があったことからもわかるように、この市場移転がどうしても必要であったかどうかはいまだに意見の分かれるところである。情報技術の進化による流通革命が次々と起こっている現代において、今後一〇〇年、中央卸売市場はどのような役割を持ち、どのような建築であるべきなのか。そのような社会的検証の痕跡は、〝プロポーザル〟からも、そして完成した建物からもあまり感じることはできなかった。それにもかかわらず、《新国立競技場》をはるかに上回る総事業費のこのプロジェクトは成し遂げられたのである。「ビルの中に収められた、動線部分が広くなった旧築地市場」とでもいうべきこの施設を見るにつけても、**私たちの社会は、「なぜこの建築をつくるのか」を十分に思考することなくなんとなくつくる、ということに慣れてしまっているのではないだろうか、**と考えさせられた。

建築コンペの実施には、多くの費用と手間がかかる。そして、コンペ時点における限定的な情報のみによって設計者を選定するということは当然リスクも伴う。だから実は、世の中で行われているコンペのほとんどは公共建築についてのものであり、民間ではあまり実施されていない。つまり、コンペはその手間とリスクが大きいため、経済的実益性は乏しいと考えられがちである。他方、公益性の観点から見ればやる意味がある。**その公益性につながるコンペの最たる特質は、社会が、その建築をつくるというプロセスを共有し、検証できるということである。**もちろんそれ以外にもコンペはいろいろな意義を持ち、それは本書で論じていきたいが、社会的プロセス共有という点でいえば、《新国立競技場》のコンペは、それが社会問題となったことによってはからずもその特質を発揮したといえるのではないか。かなり遅いタイミングにはなってしまったのだが、その議論は本来最も共有されなければいけなかった問題にまで遡行するものとなった。「なぜこの建築をつくるのか」という問いである。

《新国立競技場》でも、《豊洲市場》でも、なぜこのように本質的な議論が抜け落ちてしまったのか。実はコンペには大きな弱点もあるのである。コンペを実施するときには「はじめに設計条件を提示して」設計提案や技術提案を求めることになる。あたりまえのことなのだが、この「設計条件」を変更するような提案は認められないし、コンペ後に設計条件を大きく変更するようなことをすればコンペ自体の正当性が失われる。民間の建築計画では、設計作業を進めることによって検証しながら、設計条件の前提となる計画のプログラムそのものを大きく修正していくようなことがよくあるのだが、そのようなプロジェクト進行が非常にやりにくいのがコンペ方式の最大の弱点なのである。社会的なプロセス共有というコンペの意義は、コンペの前提条件となる計画プログラムが不透明なプロセスで決められてしまった途端に失われる。建築そのものの必要性がきちんと合意されていないなどというのは論外としても、計画をとりまく状況が非常に複雑であったり、その施設への要求内容が詳細に決められなかったりするなど、設計しながら前提条件を練り上げなければならないような計画では、必ずしもいまの形のコンペが適切な設計発注方法とはいえないのである。

さらにいえば、この「コンペ」という言葉（近年では「〝プロポーザル〟」という言葉も多用される）を用いることによって、不透明なプロセスで計画決定され、条件設定された公共事業を、あたかも透明性のあるプロセスであるかのように粉飾しようとしているのではないかと思えることすらある。《新国立競技場》のやり直しプロポーザルで、たった二案しか応募のなかった設計案が公開され、テレビなどで「A案B案のどちらがいいと思うか？」と盛んに議論されていた様子は、コンペの意義と危険性を同時に示しているように思われた。

そもそも「いい建築」とは何か

このように、コンペさえすれば公正で透明性のある計画プロセスになるなどということはないし、結果として理想的な建築ができるともかぎらない。コンペはあくまで方法論の一つであり、重要なのは、「いい建築」が生みだされるために、その状況に応じた最も適切な設計発注が行われることである。よって、「いいコンペ」とは何かを論じるためには、「いい建築」とは何かを論じなければならないだろう。

《新国立競技場》のコンペが社会問題になったとき、それが露わにしたものは、**建築界と一般社会の絶望的なまでのコミュニケーション不全であった**。たとえば問題となった設計案が当初予算を大きくオーバーしていることは盛んに議論されたが、その予算が何に対する対価であるかという共通認識はそこにあっただろうか。設計されていた建築がどのくらい「いい建築」であって、それに対して工事額は高いのか、安いのか。それをしっかりと話し合い、社会と建築界が考えを共有することは残念ながらできなかった。世界でトップクラスのデザイン力を持つと建築界で評価されていた建築家による設計の価値は、社会にまるで伝わっていないように見えた。それどころか、政治も、市民も、マスコミも、そして建築の専門家たちも、そこで一緒に議論し、考えるための共通の言葉すら持ってはいなかった。だからこそ「白紙撤回」という手段以外の対処ができなかったのではないか。

　建築設計者たちは、熱心に建築の「質」を高める努力を続けてきた。業界内での議論は多くの新しい表現の可能性を生みだし、それぞれの可能性を熟成させてきた。しかし、**ひとたびそれが社会と真剣に対峙する局面となれば、そこで最終的に求められるのは「質」ではなく「価値」なのである。**「価値」は、売り手と買い手の合意があって初めて成立する。実用芸術である建築においては、そのような「価値」こそが表現の「質」の基盤であることを、建築界にいる専門家たちはいつしか失念してしまっていたのかもしれない。

　では、このような現状で「いい建築」を語り合うことはできるのだろうか。建築界という「専門性」からの発信ではそのコミュニケーションが生まれないとするならば、一般社会の普通の感覚で語ればいいのだろうか。たとえば、新国立競技場コンペの選考を一般国民投票によって行えば「いい建築」が選ばれることになっただろうか。おそらく、そうはならなかっただろう。

　これは建築にかぎった話ではなく、「専門性」に依存した近代社会の本質的な問題なのである。急激に進化しつづける高度な科学技術の恩恵を受けるために、一部の専門家以外はその詳細を理解できないような技術であっても、社会の基盤として受けいれることを良しとする感性。その

「専門性」への盲目的な全権委任こそが近代社会の基本システムであり、それは多大な利便性とともに、多くの歪みもまた生みだしてきた。環境問題、格差問題、経済戦争などの多くの社会問題は、「専門性」の持つ視野の狭さによってもたらされたものであるともいえるだろう。「専門性」の各分野は大きく進歩してきたが、その一方でその無数にある文脈が錯綜し、論理的に一つの正解に像を結ぶことができないような複雑すぎる社会全体を俯瞰するような判断力――「総合性」は、社会からしだいに失われてしまっているように思える。

新国立競技場コンペが露わにした建築界と社会とのコミュニケーション不全は、すなわち建築表現から「総合性」が失われていることを意味している。この「総合性」を建築と社会が共有できなければ、建築表現の「質」も共有されることはないだろう。そして、建築コンペが適切に作用するように実施されるならば、それこそが、この「総合性」を社会にもたらす母胎ともなりうるものであると本書は考える。ただしそれはもしかしたら、柔軟に形を変えた多様なコンペの形、あるいは既存のコンペという概念とはまったく異なった形となるのかもしれない。

本書は、新国立競技場問題を入り口として古今の日本や海外のコンペ事例を見ながら、建築をつくるというプロセスにおける「コンペ」の意味、そして、日本の公共建築における設計発注のシステムを検証していく。そしてそこから、社会が共有しうる「みんなの建築コンペ」の可能性と具体的な方法論を導きだしていきたい。

目次

みんなの建築コンペ論

新国立競技場問題をこえて

第1章

傷だらけのコンペ

——新国立競技場コンペをめぐって

本章では、近年において最も大きく社会的な話題となり、そして失敗したコンペの事例として《新国立競技場》のコンペの経緯を見ていきたい。何が失敗の要因だったのか。そして、なぜそれを軌道修正できなかったのか。やり直しまでした二回にわたるコンペにおいて、「人々の意識や社会的議論の結実として「いい建築」が生みだされる」という本来コンペが持つべきビジョンは、なぜ実現しなかったのか。これは建設計画を舞台とした社会問題であったが、その背景には現代日本における社会的コミュニケーションの機能不全があると考えられる。そしてそれはまさに、本書が建築コンペの再構築を論じていくうえで考察しなければならない背景でもある。

1　「新国立競技場基本構想国際デザイン競技」

それは大震災の直前に始まった

二〇一一年二月、党派を超えた二つの国会議員グループにより、一つの決議がなされた。そのグループ名は「ラグビーワールドカップ2019日本大会成功議員連盟」、および「国会ラグビークラブ」[▼1]。その決議には、二〇一九年に日本で開催されるラグビーワールドカップの主会場として神宮外苑にある国立霞ヶ丘競技場を解体し、八万人収容の新スタジアムに建て替えることが含まれていた［▼2］。

後に二〇二〇年オリンピック・パラリンピックの開催地を東京とする誘致活動の目玉となり、その建築設計コンペを含めたプロセスが大きな社会問題を巻き起こすことにもなる新国立競技場計画の、これが出発点である。当時の日本は旧民主党政権下であったが、そのあと自民党政権に戻って政権の中心を担うことになる大物政治家たちも含めたメンバーによるこの決議こそ、あらゆる障害にもめげずこの計画が強力に推し進められる原動力となった。この決議の約一か月後、二〇一一年三月には未曾有の大災害、東日本大震災が日本を襲う。さすがにその被災と復興期に多額の費用をつぎこむこの計画は口にしにくかったであろうことを考えると、結果的にはまさにギリギリのタイミングで決議された計画であった。

そして東日本大震災からちょうど一年後の二〇一二年三月、文部科学省の中期目標管理法人である独立行政法人日本スポーツ振興センター（以下、JSC）が「国立競技場将来構想有識者会議」を招集する。そこで、JSCが選定した委員［▼3］の一人である建築家の安藤忠雄を中心とした同会議のワーキンググループが作成した募集要項（といっても委員本人が作成したわけではなく、実際の作成経緯は不明）によって、建築設計コンペが実施されることとなる。なおこの有識者会議における建築関係者の委員は、コンペの審査委員長ともなる安藤のみであった。この有識者会議は計画が白紙撤回される二〇一五年七月まで計六回開催された。

オリンピック誘致の一環となるコンペ

二〇一二年七月、計画のスタートを飾る一大イベントとして、コンペが実施された。名称は「新国立競技場基本構想国際デザイン競技」。長い名称だが、コンペ時点で「基本構想」(=設計初期段階の基本的な構想のとりまとめ)なのはあたりまえであり、また語義として「デザイン」=「設計」、「競技」=「コンペティション(コンペ)」なので、つまりは「新国立競技場国際設計コンペ」ということになる。先の決議にもとづいて東京都新宿区霞ヶ丘町にある《国立競技場》を建て替える計画ではあるが、そこには新たな目的が加わっていた。当初の目的であった二〇一九年開催のラグビーワールドカップの会場とすることに加えて、二〇二〇年のオリンピック/パラリンピックの開催候補地として東京が名乗りを上げるにあたり、そのメインスタジアムとしてアピールすること。その狙いもあって、このタイミングでのコンペ開催となったのである。東京がオリンピック開催地となることが決定するのは二〇一三年九月なので、一年以上前倒しとなるコンペ開催であった(巻末資料1参照)。

オリンピック史上最大規模のスタジアムという、日本では久々の国家的巨大プロジェクトのコンペ開催であったため、その募集要項の発表に際して建築設計界では一時的に大きな話題になったものの、その関心はほどなくトーンダウンしてしまった。なぜなら、ほとんどの建築家がこのコンペに応募不可能であることが判明したためである。その応募条件は、①国際的な建築賞(五賞限定）の受賞経験者、②一万五〇〇〇人以上収容のスタジアムの設計経験者、のいずれかに該当するものであった。注目度の高い公開コンペとしては異例なほど応募条件が厳しく、その結果、日本・世界のほとんどの建築家にとってこのコンペは「他人事」になってしまった。要項の序盤に記されていたこの応募条件を見て、多くの建築家はその先の募集内容まで熱心には読み進まなかったことだろう。そしてそのことが、このコンペの問題の顕在化を遅らせる一因となったことは間違いない。

ザハ案の当選

そのような厳しい応募条件にもかかわらず、世界から四六案（国内一二案、海外三四案）もの応募があったことは、このコンペの重要度をよく示している。審査は、審査委員長の安藤忠雄をはじめとして、建築・スポーツ・音楽の専門家、加えて海外の著名建築家であるリチャード・ロジャース、ノーマン・フォスターなどを揃えた審査委員会によって二段階で行われ、まず一次審査で一一作品が選定されて発表された。そこから二次審査を経て、二〇一二年一一月、最優秀を含む授賞三案が選定され、発表された。

最優秀賞　Zaha Hadid Architects

Fig. 1　新国立競技場国際設計コンペ　最優秀賞　Zaha Hadid Architects

優秀賞　Cox Architecture
入選　ＳＡＮＡＡ（Sejima and Nishizawa and Associates）＋Nikken Sekkei

最優秀賞に選定されたザハ・ハディド（一九五〇～二〇一六）は、流れるような曲線を用いた建築造形によって国際的な評価を受けているイラク生まれのイギリス在住建築家であり、この応募案もその特徴をよく示した建築となっている。審査委員会による選評においてもまず挙げられているのは造形の斬新さであり、「強いインパクトをもって世界に日本の先進性を発信し、優れた建築・環境技術をアピールできるデザイン」と評されている。その中心となる象徴的で巨大なアーチ構造も「現代日本の建設技術の粋を尽くすべき挑戦となるもの」と前向きに評価された。その一方で「アプローチを含めた周辺環境との関係については、現況に即したかたちで修正が今後必要」とも記されている。

結果はすぐに発表され、建築界ではいかにもザハ・ハディドらしい造形の大胆さが話題となったが、なんといっても権威ある選考委員会によって選定された勝者であり、大きくは異論なく受けいれられたように見えた。そして、その後の東京オリンピック誘致活動においても、しばしばこの外観パースが象徴的に用いられることとなったのである。

2 専門家の異議から、白紙撤回へ

計画への異議の噴出

コンペの結果発表から九か月が経った二〇一三年八月、二〇二〇年のオリンピック開催地が最終決定する直前のこのタイミングで、公益社団法人 日本建築家協会の機関誌である『JIA MAGAZINE』に、建築家の槇文彦が「新国立競技場案を神宮外苑の歴史的文脈の中で考える」という論文を発表した[▼4]。その論旨は、一〇〇年間自然豊かな景観が保たれてきた神宮外苑にそれまでの都市計画の景観規制を大きく超える高さ七〇mの巨大建築をつくることへの違和感、八万人収容・床面積二八万m²という建築計画が敷地と周辺都市にたいして過大であるという指摘、敷地の歴史的意味や現状の都市計画などについての説明がまったくない要項による国際コンペへの疑問、といった計画に対する強い異議表明であった。

二〇一三年九月、大詰めを迎えた東京へのオリンピック誘致活動が盛んに報道され、《新国立競技場》の計画案の外観パースも頻繁にテレビなどに映るようになっていた。そして九月七日、IOC総会でついにオリンピック開催地が東京に決定すると、そのお祭り騒ぎとともに、建築界の重鎮である槇が発表したこの異議が一般報道でも取り上げられ、しだいに社会的な話題となっていった。その中で、コンペ条件としては一三〇〇億円であった工事予算がその後の設計を経て三〇〇〇億円以上に膨らんでいるという試算も報道され、大きな社会問題として扱われるようになった。

二〇一三年一〇月、槇の異議表明に反応した建築家たちによるシンポジウム[▼5]が行われ、それを皮切りに本格的な計画反対運動が展開されていくこととなる。この反対運動は必ずしも一体的なものではなく、専門家によるもの、市民グループによるもの、ネットメディアを用いた個人的なものなど、さまざまなところから湧きあがった動きであり、多くの研究活動やシンポジウムが開催され、国や東京都にいくつもの要望書が提出された。そしてそれらの動き、関係諸機関の対応などが連日のように新聞やテレビなどで大きく報道されることとなった。

Fig. 2　神宮外苑、絵画館側からの完成予想パース。手前の聖徳記念絵画館と比較するとその巨大さがよくわかる。

新国立競技場案をめぐる四つの論点

ここで、当時議論された内容の主なポイントを整理する［▼6］。

❶景観・歴史的文脈の問題

明治神宮外苑は明治天皇の葬儀を記念して約一〇〇年前に整備された園地であり、聖徳記念絵画館や銀杏並木を中心に東京都心でも稀有な環境を保っている。神宮球場などの体育施設もあるが、風致地区に指定されており、建物の高さも二〇メートル以内というように厳しく制限されてきた。今回の計画では、ここに八万人収容、高さ約七〇mというオリンピック史上最大規模の超巨大建築物がつくられることになる。示されている完成イメージや模型を見るだけでも、その威容は想像できる。また都の計画には、これを足掛かりにスポーツ振興という名目でこの一帯を再開発していくことまで示されている。これらは都市の景観・歴史の文脈に照らしても明らかにおかしいのではないか、という議論。

❷事業プロセスの問題

この建築デザインは国際設計コンペによって選定された。まずこのコンペについて、予算や敷地の規模、法規制に適合しない過大な計画内容が設計条件として提示されていたこと、その設計条件がどのような経緯で決定されたかの詳細が公表されていないこと、公開コンペといいながらきわめて限定的な参加資格が設定されたこと、著名海外建築家の審査員二名が審査会を欠席していたことなど、実施過程にいろいろな問題があったことが指摘された。

コンペ以外でも、計画地に含まれていて取り壊される予定の都営住宅の住民への事前説明がなかったこと、敷地にかかる二〇mの建築高さ制限を七五mに超大幅緩和した東京都の都市計画審議会に建築設計や都市計画の専門家が参加していなかったことなど、事業運営全般にあまりにも不透明・不手際が多かったことが問題とされた。

❸建築・都市の機能の問題

計画建物は、巨大競技場でありながら準備運動などに使うサブトラックがないため国際陸上競技連盟の基準を満たさず、国際大会どころか国内の正式な陸上大会すら開催できないことが指摘された。一方で、設置・メンテナンスにかかる多額のコストが問題視されている可動開閉屋根については、陸上競技場としては不要だが、音楽イベントなどのために必要とのこと。このような建築の機能条件バランスの適切さが問われた。

またこの地域は、収容する八万人の観客に対応できる鉄道駅や道路などの都市インフラが備わっていない状態であり、都市防災機能を担う公園などの空地も減少するため、このままではイベント時、災害時に相当な混乱が予想される。建築自体よりも大掛かりとなりそうな周辺インフラ整備計画について、その全貌や費用は未公表であった。

❹費用の問題

コンペ要項に示されていた工事予定費用の一三〇〇億円に対して、計画案の工事費は三五三五億円という事業者による試算が報道されていた。二〇一三年一一月には建築の延床面積を減らす規模縮小案が示されたが、それでも一八五二億円とまだ大幅超過していた。そして一二月には、試算をベースにした文部科学省と政府、自由民主党の協議により一六二五億円という工事費予定で合意した。

もちろん本体工事費以外にも前項の周辺整備や移転建物の建設費など、かなりの関連費用が必要となる。また建設後の施設維持費も相応に膨大となることも確実であるが、年間約四〇億円という運営・維持費はイベント事業や会員事業などの収入で賄うという事業試算が示されていた。しかし実績から考えても、八万人規模の観客動員イベントを定常的に行えるとは想定しにくい。

建て替えではなく現在の競技場の改修で対応する場合の試算も行われており、客席数などは異なるが七〇〇億円程度の工事費で可能とされていた。このように予算、運営見通しとも、多額の税金が投入される公共事業としては費用に対する考え方がずさんすぎると指摘された。その後も計画の見直しや概算のたびに工事費用は変動（基本的に増額）していくこととなり、最終的には計画撤回の主要因となった。

「白紙撤回」の衝撃

二〇一四年前半、このような議論と混乱の中、事業主体であるＪＳＣはプロポーザル方式で選定された設計ＪＶ（日建設計・梓設計・日本設計・アラップ設計共同体）と基本設計業務契約、ザハ事務所と基本設計に係るデザイン監修業務契約を締結した。

二〇一四年五月、コンペにおいて二次選考一一案に選定されていた建築家の一人である伊東豊雄が、既存の国立競技場を維持改修する代替計画案を発表。

同月、ＪＳＣは《国立競技場》の閉場イベント「ＳＡＹＯＮＡＲＡ国立競技場」を開催。

同月、基本設計（案）が有識者会議で報告された。建築周囲の歩行者デッキが簡略化され、コンペ時点からかなり形態が変化した外観となっていた。

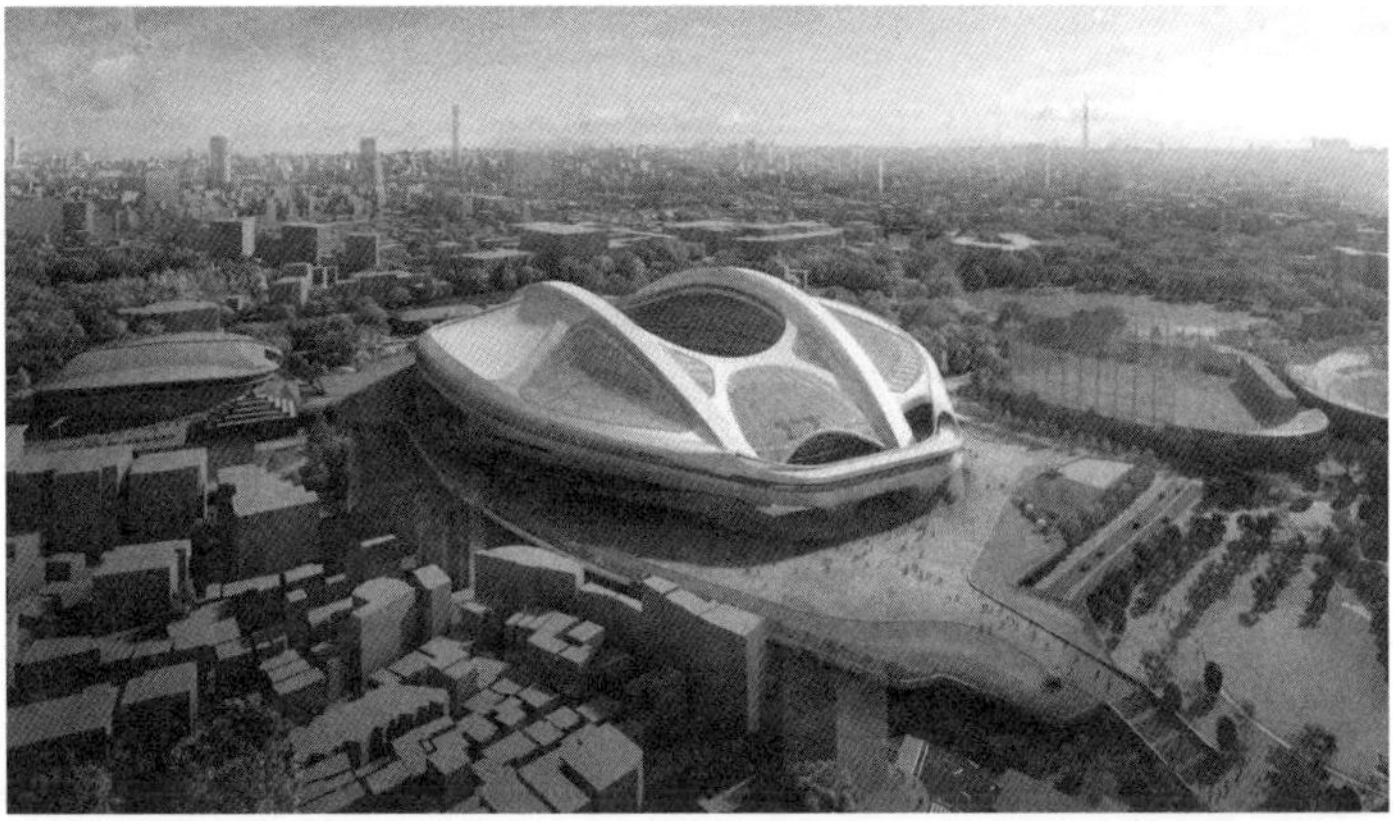

Fig. 3　基本設計案の完成予想パース。かなりシンプルな形態になっていた。

二〇一四年七月、《国立競技場》の解体工事が始まる予定であったが、工事入札の不調・トラブルなどで遅れ、結局、再入札を経て解体工事着工は一二月となった。

二〇一四年八月、ＪＳＣは設計ＪＶ、ザハ事務所と実施設計関係業務の契約を締結するとともに、「技術協力者・施工予定者」をプロポーザル方式で公募する。これは同年六月に改正された「公共工事の品質確保の促進に関する法律」（以下、品確法）に記された新たな公共工事発注方式である「技術提案の審査及び価格等の交渉による方式」にもとづくものであった。ここでは設計段階から工事業者が関与することで、施工性、施工計画の観点からプロジェクトにおけるリスクや問題点を洗いだし、それも設計に反映することによって、工事費の縮減、工期の短縮等を図ること、そして工事発注を早期に行うことで、計画進行をスムーズにすることが目的であった。ここからもわかるように、さまざまな問題による遅れもあり、二〇一九年のラグビーワールドカップに間に合わせるための計画進行がプロジェクトの最優先課題となりつつあった。

二〇一四年一〇月、JSCは技術協力者・施工予定者としてスタンド工区には大成建設、屋根工区には竹中工務店を選定。

二〇一四年一一月、著名建築家の磯崎新が、ザハ・ハディド事務所と同席して記者会見し、《新国立競技場》とオリンピック開会式会場（東京・二重橋前広場とすることを提案）を分けて計画を縮小すること、コンペの結果を尊重してザハ・ハディドが修正設計を行うべきことなどを意見表明。

二〇一四年一二月、《国立競技場》の解体工事着工。

同月、JSCは技術協力者・施工予定者である大成建設、竹中工務店と契約を締結。

二〇一五年三月、技術協力者・施工予定者から、ラグビーワールドカップに間に合わせるには開閉式屋根（遮音装置）や可動席等を後施工とすることや、計画地外の工事ヤードの確保、近隣同意による夜間・深夜作業等が必要という報告がなされた。また工事費として三一二七億円という金額が提出された。

二〇一五年五月、槇文彦が、可動式屋根の中止などにより大きく減額、短工期化する代替案をＪＳＣに提言。建築雑誌でも発表されたが、これについても特に公的な反応はなかった。

二〇一五年六月、ＪＳＣ、設計者および技術協力者・施工予定者との協議の結果として、二五二〇億円という工事予定金額を合意。文部科学省にも報告された。これは三月の技術協力者・施工予定者提案にもとづき、二〇一九年五月末までの出来高分の金額となる。すなわち、開閉式の屋根や芝生育成システムなど一部の（といってもかなり大きい）工事はこの金額に含まれていない。

二〇一五年七月、これまで三年間沈黙を守ってきたプロジェクトの有識者会議委員であり、コンペ審査委員長でもある建築家の安藤忠雄が記者会見を開いた。そこでは、このコンペが基本構想デザインを求めるものであり、精度の高い設計案を求めるものではなかったこと、そのためコンペ審査で工事費についてのきちんとした議論はなかったこと、その後の経緯に安藤自身は関与していないことなどが説明された。

二〇一五年同月、安藤の記者会見の翌日、安倍晋三内閣総理大臣が整備計画を「白紙撤回」しゼロベースで見直す旨を発表。これによってザハ・ハディドの設計案および各者との設計・施工関係契約はすべて解除された。後日の発表によれば、契約解除に伴い清算・支払いされた設計・技術協力等にかかわる支払額の合計は約六八・六億円であった。こうして有識者会議が設置された二〇一二年一月から三年半あまりの時間を費やし、多くの作業と経費が注ぎこまれた結果として残されたものは、《国立競技場》が解体された大きな空地のみとなった。

3 やり直しコンペの開催

施工者選定コンペに変更

旧整備計画の白紙撤回を受けた動きは、周到に準備されていたかのごとく素早かった。翌週には「新国立競技場整備計画再検討のための関係閣僚会議」[▼7]が開催され、その後三週間ほどで以下の基本的な方針が決定された。

①「アスリート第一」の考え方の下、世界の人々に感動を与える場とする。
②その大前提の下で、できる限りコストを抑制し、現実的にベストな計画を策定する。こ

のため、以下の方向性で検討する。
・施設の機能は、原則として競技機能に限定
・屋根は観客席の上部のみ
・諸施設の水準は、オリンピック・パラリンピックのメインスタジアムとして適切に設定
③大会に間に合うよう、平成三二年（二〇二〇年）春までに確実に完成させる。整備期間を極力圧縮するため、設計・施工を一貫して行う方式を採用する。
④アスリートや国民の声をよく聴き、計画の決定及び進捗のプロセスを透明化する。
⑤周辺地域の環境や景観等との調和を図るとともに、日本らしさに配慮する。
⑥バリアフリー、安全安心、防災機能、地球環境、大会後の維持管理等を十分考慮する。
⑦内閣全体として責任をもって整備を進める。独立行政法人日本スポーツ振興センターによる整備プロセスを当会議で点検し、着実な実行を確保するとともに、新たに専門家による審査体制を構築する。
⑧大会後は、スタジアムを核として、周辺地域の整備と調和のとれた民間事業への移行を図る。今後、政府において計画を踏まえて、ビジネスプランの公募に向けた検討を早急に開始する。
なお、今月（二〇一五年八月）中を目途に、スタジアムの性能、工期、コストの上限等を示した新たな整備計画を策定し、これにもとづき、九月初めを目途に公募型プロポーザル

方式（設計交渉・施工タイプ）による公募を開始することとする。

このようにまずラグビーワールドカップ2019の会期に間に合わせることを諦め、費用と工期を強く意識して施設内容を縮減した方針となっている。また関係閣僚会議のための検討材料として、七月末からの約一か月間で、計三〇回、スポーツ関係者、マスコミ、東京都知事などとの「意見交換会」も開催されたのだが、建築関係者については、槇文彦と大野秀敏、森山高至からの意見聴取の二回のみであった。

二〇一五年八月、旧計画の白紙撤回からわずか一か月後、関係閣僚会議による基本方針の決定にもとづいて、第一回「新国立競技場整備事業の技術提案等審査委員会」が招集された。前回のコンペと同様にＪＳＣによって選定・招集された委員会である。しかしメンバー構成は様変わりしており、今回は建築・景観の専門家のみとなっている［▼8］。この委員会の目的はもちろん新しい案と設計・施工者の選定なのだが、先述したようにその選定方法は関係閣僚会議の時点ですでに決定されていた。それは「公募型プロポーザル方式（設計交渉・施工タイプ）」と呼ばれ、委員会資料では「「発注者が最適な仕様を設定できない工事」又は「仕様の前提となる条件の確定が困難な工事」において、技術提案に基づき選定された優先交渉権者と設計業務の契約を締結し、設計の過程で価格等の交渉を行い、交渉が成立した場合に施工の契約を締結する」と説明された。

これは本書の第3章で解説する発注方式の分類でいうと「デザインビルド方式」にあたり、本質的には設計者ではなく工事施工者を選定するもの、つまり**設計ではなく施工のコンペである。**この場合、設計は施工者と同組織、あるいは施工者と業務提携した設計者に、施工と一体で発注されることになる。

二〇一五年九月、公募プロポーザルの公募要領発表。すぐ同月内には応募登録締め切りとなる。ザハ・ハディド事務所は日建設計と組んで参加を目指すも、期限内にチームを組んでくれる施工者(ゼネコン)が見つけられず、やむなく断念せざるをえなかった。そして、建築家の伊東豊雄、隈研吾が、それぞれ大手ゼネコンとチームを組んで参加表明したことが発表された。このあと資格審査を経て、一一月に技術提案書が提出されることになる。

プロポーザルの要求条件は「新国立競技場整備事業　業務要求水準書」、提出物などについての要項は「技術提案書作成要領」として示された。今回の要求条件提示は非常に詳細で多岐にわたるものとなったが、再検討の基本方針にもとづいたその内容は旧整備計画から大きく変わっている。原文は長いので掲載しないが、主には次のような計画変更が挙げられる。

①原則として競技機能に限定

・スポーツ振興施設(スポーツ博物館等)の取り止め

・ホスピタリティ施設（観覧ボックス席、ラウンジ等）の面積縮減
・屋外展望通路の取り止め
・管理用施設・地下駐車場等の面積縮減等
・以上により、延床面積を二二・五万㎡から一九・四四万㎡に一三％縮小
②屋根は観客席上部のみ
・開閉式屋根装置の取り止め
③諸施設の水準を、オリンピック・パラリンピックのメインスタジアムとして適切に設定
・大会開催時の観客席数を七・二万席から六・八万席に縮小（大会後トラック上部への増設で八万席以上確保できるようにする）
④日本らしさに配慮した計画とすること
・日本の伝統的文化を現代の技術によって新しい形として表現することを求める
・日本の気候・風土、伝統を踏まえた木材利用の方策を求める
⑤周辺環境への配慮
・明治神宮外苑の歴史と伝統ある環境や景観等に調和するための具体的方策を求める
（旧計画コンペでは地域の歴史や景観への配慮は条件とされていなかった）
⑥事業費、工期の指定
・工事費上限を一五五〇億円（＋設計・監理費用四〇億円）と提示し、それを超えないことを必須

条件とした
・ラグビーワールドカップ2019の会期に間に合わせることは想定しない
・建物の完成期限が二〇二〇年四月三〇日以前となっていることを条件とし、工期短縮提案目標として二〇二〇年一月三一日が示された

また提案の審査は、多面的な評価項目の採点を積み上げる方式とされた。

活かされなかった検証報告

二〇一五年九月末、文部科学省内に組織された第三者委員会である「新国立競技場整備計画経緯検証委員会」[▼9]が「検証報告書」を発表。旧計画の白紙撤回後約二か月間にわたる資料調査、関係者へのヒヤリング、現地調査により詳細かつ客観的に旧計画の経緯調査と問題の原因分析がまとめあげられており、本書のここまでの経緯説明の多くもこの報告書によっている。問題の原因と責任について報告書は、大きくは計画の推進体制とそこにおける判断能力、そして社会への情報発信に欠陥があり、その責任はJSCと文部科学省にあると断じている。

わずか二か月間でこのような検証をまとめあげた第三者委員会の調査・分析力は驚くべきものであるといえるが、残念ながら時すでに遅く、発表されたときには、報告書がまさに責任を問う

ている者たちが再び中心となって計画のやり直しプロセスが始められてしまっていた。つまり初めから、この検証結果を受け、その反省を踏まえてその後の計画を進めるということは、まったく想定されていなかった。

二〇一五年一一月、応募登録された二グループより、技術提案書が提出された。

二〇一五年一二月、応募された技術提案書の（一応匿名での）公表。最終結果が出る前に提案書が公表されたことにより、テレビの報道番組などでは二案の外観イメージを示して「どちらがいいと思いますか」と質問する街頭インタビューなどが盛んに行われた。

同月、ヒヤリング審査を経て優先交渉権者（当選者）が決定し、発表された。選定されたのは、大成建設・梓設計・隈研吾建築都市設計事務所による共同企業体であった。「杜のスタジアム」をテーマとしたその設計案は、鉄と木のハイブリッド屋根構造、最高高さを四九・二mに抑え、景観に配慮した外観、片持ち形式のシンプルな屋根やユニット化などによる短工期、といった特徴を持っていた。

次席となったもう一者は、伊東豊雄建築設計事務所・日本設計・竹中工務店・清水建設・大林組による共同企業体であった。

Fig. 4　公募型プロポーザルの最優秀案：大成建設・梓設計・隈研吾建築都市設計事務所共同企業体
※パース等は完成予想イメージ。植栽は完成後、約10年を想定。

このプロポーザルの選評は、その審査方法に従って、項目ごとに各案の評価を併記する形式で発表された。最優秀案は特にその単独施工による業務体制の効率、工期短縮の方策などが高く評価され、次点案は建築計画の点では高く評価されたが、その差を埋められなかったことが示されている。次頁の得点表に明らかなように、「配点×係数＝点数」という評価方法により、「業務の実施方針」と「工期短縮」の評価が全体点数の四割以上を占めていることの影響が大きかった。このように施工部分の提案に配点が偏っていたことは、このプロポーザルが「デザインビルド方式」、すなわち「施工発注のための技術提案競技」であることを考えれば当然であったともいえるだろう。つまり、外観の好みを質問していたテレビの街頭インタビューは、このプロポーザルの主旨からはだいぶピントがずれていたことになる。

二〇一六年一月、ＪＳＣと優先交渉権者に選定された

評価項目		評価基準	配点	最優秀案得点	次点案得点
業務の基本方針(20)	業務の実施方針	業務内容の理解度(整備すべき施設や、工期遵守・事業費上限額遵守を含め、本事業実施における重要事項の理解度)	20	112	104
		重要事項を確実に担保し、確実に本事業を遂行するための取組体制、品質管理の考え方、配慮事項等の妥当性			
コスト・工期(70)	事業費の縮減	事業費の縮減の実現性(事業費の抑制幅及び事業費縮減策の確実性)	30	31	28
	工期短縮	工期短縮の実現性(工期の短さ及び工期短縮策の確実性) (工期短縮の目標は、平成32年1月31日とする)	30	177	150
	維持管理費抑制	維持管理費の抑制策の的確性	10	44	50
施設計画(50)	ユニバーサルデザインの計画	提案の的確性、独創性、実現性について総合的に評価	10	48	53
	日本らしさに配慮した計画		10	50	52
	環境計画		10	54	50
	構造計画		10	52	55
	建築計画		10	42	60
合計			140	610	602

評価項目ごとに、原則として各項目の配点に6段階の評価に応じた係数を乗じたものを点数とする。
配点 × 係数 = 点数
なお、事業費の縮減及び工期短縮の評価に当たっては、定量的な指標(事業費の抑制幅、工期の短さ)と、定性的な指標(事業費縮減策の確実性、工期短縮策の確実性)を踏まえて評価を行う。
点数の合計点が高い者から順位を付け、最も優れた技術提案書を選定する。

評価係数
A 特に優れている 1.0
B 優れている 0.8
C やや優れている 0.6
D 普通である 0.4
E やや劣る 0.2
F 評価対象となる提案なし 0

Fig. 5 技術提案の評価項目と配点表

出典=新国立競技場公開プロポーザル「技術提案の審査結果(詳細版)」をもとに作成

共同事業体とのあいだで「設計および施工技術検討業務契約」を締結。契約金額は約二五億円。旧計画の白紙撤回前までに契約していた約一二三億円（中止による清算支払額は約六八・六億円）と比較すると、わずか五分の一程度の設計料であり、これは工事費の縮減をはるかに凌ぐ大幅の縮減率となった。

二〇一六年一〇月、ＪＳＣと共同事業体とのあいだで「工事施工および工事監理業務契約」が締結され、着工（本体工事着工は一二月）。契約工期は二〇一九年一一月三〇日まで。契約工事費は約一四九〇億円（先行工事分を除く）、契約監理料は約一五億円となった。

4　社会はコンペで何を得たのか

第一回コンペをめぐって

以上、《新国立競技場》の着工までの経緯の概略を記してきたが、ここからはこの経緯についての本書なりの見解を示したい。

この二回のコンペ（二回目は施工者選定なので設計コンペではないが）の結果、私たちは《新国立競技場》の設計を得て、その建築は予定どおり二〇一九年一一月に完成、一二月にオープンした。しかし考えてみれば、当初の予算一三〇〇億円を超える一四九〇億円の工事費で、開閉式屋根もなくなり、客席数も付帯施設も当初計画よりだいぶ縮小された《新国立競技場》を得ることになってしまった。それも、わずか二つのみの提案からの選択を余儀なくされて。私たちはこのプロセスによって、はたして「いい建築」を得たといえるのだろうか。あるいはそもそも、何を得るつもりだったのだろうか。

まず一回目のコンペを中心としたプロセスの最大の失敗を挙げるとするならば、それは「**建築を建てられなかったこと**」といえるだろう。他にもいろいろな問題指摘のしかたはあるだろうが、建てられなかった（それどころか《国立競技場》が消失した）という点において、建築の整備計画として失敗であったことは議論の余地がない。どんな紆余曲折があったとしても最終的に建築が建ったなら、その建築が完成・使用されたうえでの評価から遡行して計画プロセスの評価もされうるだろうが、「白紙撤回」という判断によってそのような再評価の可能性も断ち切られてしまった。ではなぜザハ・ハディド案の《新国立競技場》は建たなかったのか。本書序文では、建築の「質」と「価値」が共有されないという問題を書いたが、ここではつまり、**その建築を建てるという社会の合意が得られなかった**ということである。

先述した新国立競技場整備計画経緯検証委員会による「検証報告書」は、計画の推進体制とそこにおける判断能力、責任の所在の曖昧さ、社会への情報発信の欠陥、という計画運営における問題点を指摘しているが、「国際デザイン競技」が実施されたこと自体については問題としていない。しかし、本来ならば社会の合意形成のための最大のイベントであったはずのコンペが、結果としてその合意形成という目的を果たせず、むしろマイナス方向に作用してしまった。その結果から見れば、**このタイミングで「コンペをやるべきではなかった」**というべきではないだろうか。

コンペという方式は、多くの設計発注方式の中の一つに過ぎない。その特徴を一言でいえば「設計案競争で設計者を選定する」というものである。そのメリット、デメリットは後章で詳しく論じていくが、それは発注者側、応募設計者側の双方に最も大きな負荷をかける発注方式である。まず発注者は、設計者の協力が仰げない段階であらかじめ詳細な「設計条件」を確定しなくてはならない。そうでなければ適正な設計競争は行えないし、もしコンペ後に大きく設計条件を変えるようなことがあればコンペ自体の正当性が問われることになるだろう。またコンペに参加する設計者は、自分が選定されるかどうかわからない状況で一通りの設計図面を作成しなくてはならない。それは調査やプレゼンテーションまでも含めた事実上の設計業務であるが、公開コンペでは通常、その応募に対する報酬は支払われない。このようにコンペは、実施する側にも応募する側にもそれなりの覚悟が必要なのである。

さて、今回のコンペが公示された時点で考えてみれば、まず発注者側が「設計条件」を決められる状態ではなかった。公共工事の設計条件を決めるということは、当然詳細な調査・検証がなされ、その結果が正当な判断権者によって承認されるということである。調査・検証についていえば、まず、コンペ直後の第四回有識者会議で、計画床面積を約二九万㎡から約二二万五〇〇〇㎡へと二割以上も減らす方針がＪＳＣから示され、さらに、後にやり直した「公募型プロポーザル」（三回目コンペ）でガラッと要求条件が縮小されたことを考えれば、本当に必要な施設内容として十分に検証されたものでなかったことは明白である。旧国立競技場を解体し、八万人収容の新スタジアムに建て替えることについては本章冒頭に挙げた二〇一一年二月の「ラグビーワールドカップ２０１９日本大会成功議員連盟」と「国会ラグビークラブ」による決議が根拠とされており、これは国立競技場将来構想有識者会議が招集された時点（二〇一二年三月）で既定方針となっていた。そしてその建築の整備条件は、第一回有識者会議の議決により設置された「国立競技場将来構想有識者会議・ワーキンググループ」によって検討され、第二回有識者会議（二〇一二年七月）で承認されたこと以外には明確には公表されていないが、敷地に対してあまりにも過大な要求内容から、どうしても各関係者の要望を積み上げただけのような印象は拭えない。約四か月という検討期間もこの規模のプロジェクトの構想を確定するには短いといえるだろう。

では、このような状況でなぜコンペを実施したのか。コンペを実施することは第二回有識者会議で委員の安藤忠雄より提案され、とりたてて実施の是非の議論もなくその場で承認されている。議事録には「この大きな施設を世界コンペにすることによって、日本の力をしっかりと世界に示せればいい」という安藤の説明が残されているのみである。審査委員リストも含めたコンペ要項もそこでほぼ完成形で提出され、会議の一週間後にはコンペの応募登録が開始された。つまり、このタイミングでコンペを実施するということも、当初から既定路線であった。結局、なぜコンペであったのか、理由は不明である。

というよりも、**明確な理由はなかったのではないだろうか。**これまでも日本では国家を象徴するような多くの建築の設計案がコンペによって選定されてきた、という慣例にただ従っただけなのではないだろうか。もっといえば、国が発注する多くの公共建築で行われている〝プロポーザル〟方式（第3章で詳述）も含め、公共の大規模プロジェクトにある種の正当性を与えるためにこのような競争イベントを実施するということが行政の慣習になってしまっているのではないだろうか。だから根本的に無理がある計画プログラム「だからこそ」コンペが実施され、**発注者も、応募する設計者も、「慣れ」によって、あまり深くその必然性を考えずにそれを許容してしまったのではないか。**

当事者にそのプロセスの意味の認識が希薄であるならば、それが後に社会問題とされたとき、計画の進め方についての明確な理念説明ができなかったことも当然である。先述のようにコンペという発注方式は大きな負荷を伴い、その後の経緯を見ればわかるように、適正な運営がなされなければ大きな禍根を残すことにもなる。だからこそ発注者にも覚悟がいる。その発注者とは本質的には国民である。それなのに「なぜコンペを実施するのか」ということにたいする社会的な共通認識は、まったくなかったのではないだろうか。

象徴的なのは工事費の問題である。建築の与条件として費用という要素は大きい。特に公共工事ではその工事費は税金を財源とする行政予算なのだから、いい加減に決められるものではない。このコンペの要項にも、「総工事費は、約一三〇〇億円程度を見込んでいる」と記載されてはいるが、「その金額以内の計画とすること」とは書いておらず、これが提案の条件なのかどうか曖昧な表記となっている。要項に示された建築条件だけではきちんと金額を算定できるような精度の設計ができない（工事費の積算環境が異なる海外建築家はなおさら）ことは明らかであるから、応募者はこの金額を、ある程度意識すべき目標値くらいに解釈しただろう。新国立競技場整備計画経緯検証委員会の「検証報告書」には、「この金額はデザイン競技の募集要項に記載された金額で、日産スタジアム等を参考に、八万人を収容する競技場を建設する想定により試算されたものであり、プロジェクト予算という性質の金額ではない。……このような数字の性質が十分に説明されなかったことから、デザインによって一三〇〇億円に変動があり得ると考えていた有識者、一三〇〇億円は予算の上限であると考えていた文部科学省関係者、オリンピック・パラリンピック招致が決まったら一三〇〇億円を多少超えても容認されるのではないかと考えていたＪＳＣ関係者等とらえ方がまちまちであった」と報告されている。

もしこの金額が上限としてクリアされなければいけない絶対条件であるなら、当然そのように要項に記されなければならない。あくまで概算であって、計画内容や今後のプロジェクト、社会の状況などによって予算を決めていく予定なら、それもそう記載すべきである。そして報告にあるように、関係者のあいだでそれがどのような金額であるかという合意すらできていないなら、そのような状況でコンペは実施すべきではない。これも後述するが、コンペ運営で最もやってはいけないことの一つが、要項で不確かな設計条件を示してしまうことである。なぜならそのたった一つの曖昧な文言によって、そこに集結する労力と叡智の多くが無駄になってしまいかねないのだから。そして、このコンペはまさにそのような結果にいたった。ザハ・ハディド事務所と設計JVが予算に適合する設計案を作成できなかったのも、結局はこの計画が予算を明確に示さないコンペによってスタートさせられてしまったため、減額しようにも、コンペで提示された設計条件やそこで決まったデザイン・コンセプトを大幅には変更できないという呪縛ができてしまったことによるところが大きいと考えられる。

そして計画の「白紙撤回」にいたって、このプロセスは膨大な時間と費用と、《国立競技場》の消失という結果のみを残すこととなった。

第二回コンペをめぐって

ザハ・ハディド案にもとづいた計画の白紙撤回の後、わずか二か月後に「公募型プロポーザル（設計交渉・施工タイプ）」が実施された。これは「デザインビルド方式」という施工発注方法であり、いわゆる設計コンペではなかったが、結果として発注先選定の手続きは素早く円滑に行われたようにも見える。しかしこの、白紙撤回から二回目の発注にいたるプロセスこそ、このプロジェクトの混迷の根底にある問題を象徴しているように思える。すなわち、「**「何のために建築を建てるのか」という理念の欠落**」である。

実はザハ・ハディド案が白紙撤回される前から、反対運動の中ではこの計画をどのようにやり直すべきかの議論があった。たとえば設計条件を全面的に見直してザハに設計し直してもらう、次点だったコックス事務所（オーストラリア）の案とする、新しい条件でもう一度コンペをやり直す、などなどの提案があったが、どれも皆がそうだと合意できるようなものではなかったし、おそらくその結果選ばれる案がどのようなものであったとしても異論は出ただろう。問題は、設計者の選定方法以前のところにあった。結局、**「何のために建築を建てるのか」を社会全体で共有できていない状態で、それがどのようにつくられるべきかを議論しても、本質的な着地点はないのである。**

ただ八万人を収容するスタジアムが必要、というだけなら、既存施設の改修や、建設が容易な敷地（二〇一六年オリンピック開催地に立候補した際に提案された晴海など）での整備など、もっと容易で安価な選択肢はいくつもあっただろう。しかし、一回目コンペの要項に安藤が「地球人の未来へと向かう灯台、希望の象徴となる場所」と書いたように、もともと求められていたのは単なるスタジアムではなく、東京、日本を象徴し、世界に発信するような建築であった。だからこそ東京の中心部であるあの場所に、オリンピック史上最大規模のスタジアムを整備しようとしたのだろう。

今回にかぎらず、公共建築というものはお金を儲けることが目的で建てられるわけではない。ただ安く、最低限の機能が得られれば良いというものではない。それは、より豊かな社会、住環境につながる、と皆が思える存在でなければならないのである。だからこそ、公共建築においてはコンペがふさわしい、と本書は考える。**より優れた可能性のビジョンを広く集め、その可能性を社会が共有していくための基盤となりうるプロセスこそ、コンペなのである。**残念ながら現在、多くのコンペや〝プロポーザル〟はその意義がきちんと社会で共有されることなく実施されてしまっている。しかし、公共建築とコンペに対するそのような期待は、明確には自覚されなくともなんとなくは皆が抱いているものであり、今回の場合は、あまりにもその思いと実際のプロセスとのギャップが大きすぎたため、大きな社会問題となったのではないだろうか。

そう考えるならば、**この後半プロセスの最初にして最大の過ちは「白紙撤回」であった**といえるだろう。内閣総理大臣によるこの強い言葉は、混迷した状況の連続性を断ち切る十分な効果を持っていた。しかし実際のところ、建設計画自体は継続されることが前提とされていたし、旧計画問題の責任者と「検証報告書」で断ぜられることになるＪＳＣが事業主体であることもそのまま。また、その後の方針を決めた「新国立競技場整備計画再検討のための関係閣僚会議」のメンバーも、旧案のプロセスの当事者を中心としたものであった[▼10]。では、いったい何を「白紙撤回」したというのか。端的にいえば、**それまで旧案を中心として湧きあがっていた社会的な議論・運動という逆風を白紙撤回したかったのではないだろうか。**

最初のコンペ以降の騒ぎは、建設計画と社会に巻き起こった大混乱、と単純に捉えるべきものではないだろう。そこで展開されていたのは、社会が、建築文化というものに対する理解を高め、より優れた社会のための建築を得ようと議論し、共有できるビジョンを形成していく、という「大きな合意」を目指した動きであったと思う。それは想定外の事態であったとはいえ、本来コンペが社会に与える文化的作用の姿そのものともいえるものであった。そして、審査委員長であった安藤の発言によって、議論は建築技術的な「専門性」の領域から、社会的な「総合性」の領域へと一段階拡がろうとしていた。ところが、その安藤の記者会見の翌日に発表された「白紙撤回」によって、その議論の本質は切り捨てられ、とりあえず期限までに確実かつ許容できる価格でなんとか建設しようという「小さな合意」を形成することに目標がすり替えられてしまった。そしてその後のミスリードの中心となったものが、「デザインビルド方式」の「公募型プロポーザル（設計交渉・施工タイプ）」であった。

白紙撤回後のプロジェクトからの発信の重心は、「どのようなものを建てるべきか」ではなく、「工期と費用をクリアするためにどうしたらよいか」に明確に切り替わった。そしてそれに対応する発注方法として、「デザインビルド方式」による施工発注が実施されたのである。それゆえ、一回目のコンペと比較すると、プロジェクトにおける「設計」の重要度が以下のようにあからさまに低下させられていることが見てとれる。

①「デザインビルド方式」は施工発注のためのプロポーザルであり、設計者は施工者の組織内、あるいは施工者が主導したチームの一員として参加することとなる。これは設計者

が主導して建築の質を監理する体制とはいえない。
②要項の公示から提案の提出まで約二か月。これは前回のコンペとほぼ同じ期間であるが、今回は提案内容として詳細な設計をはじめとして工事費の積算・施工計画までをも求めるものであり、一般通念からすると極端に短い。
③プロポーザルの採点表（Fig. 4）からも明らかなように、「施設計画」（＝設計内容）への評価配点は一四〇点中五〇点しかない。
④プロポーザル時に示され、その後契約された設計料は約二五億円。旧計画の白紙撤回前までに契約されていた設計料約一二三億円と比較すると、わずか五分の一程度に縮減された。
⑤日本の大手ゼネコンと組まないと参加できず、かつ以上のように提案作成期間・設計料とも厳しい条件を示すという、多くの提案を集めることを期待しているとはまったく考えられない募集であった。実際、応募数は前回の四六者から二者へと激減した（その二者も旧案の技術協力者・施工予定者という関係者であった）。ザハ・ハディド事務所もチームを組むゼネコンが見つけられず応募を断念した。

本来、この建築は何のために建てられるものであったのか。そのためにはどのようにプロジェクトを進めるべきであり、旧計画ではそのどこに問題があったのか。その議論を断ち切り、新国立競技場整備計画経緯検証委員会による「検証報告書」も待たずに、その報告書で事業運営能力の欠如を指摘されることになる事業主体（JSC）がそのまま、再度プロポーザルを実施することとなった。「新国立競技場整備事業の技術提案等審査委員会」が招集された時点で、施設の条件、プロポーザル要項、実施予定までがほぼ完成しており、その要項を誰がどのように作成したか明らかにされない、ということも前回どおりであった。

いま一度問いたい。この一連の顚末の結果として、日本社会は「いい建築」を得たのだろうか。まだ本来の目的であるオリンピックで使われていない建築の良し悪しは簡単には語れないし、希望をこめて、多くの設計・施工関係者の尽力によって高いレベルの建築がつくりあげられていると信じたい。しかしそうであったとしても、逆に多くの問題点を抱えるような建築になってしまっていたとしても、この二回の設計者選定プロセスがその建築の質にどのように貢献したのか、あるいは悪影響を与えたのか、詳細な検証・報告がなされるべきであろう。せめてそれがなくては、この大騒動の結果として社会が得るものが少なすぎる。

旧計画の白紙撤回、そしてデザインビルドという方式の採用が示したのは、事実上の「建築設計コンペの否定」であるといえるだろう。その否定を目の当たりにした社会が抱いたものは、コンペが象徴するような、「人々の意識や社会的議論の結実として「いい建築」が生みだされる」というビジョンに対する、諦めにも似た距離感だったのではないだろうか。これまでも積み上げられてきた、公共建築計画へのこのような距離感、諦念こそが、「何のために建築を建てるのか」

を真剣に議論せず、なんとなく公共建築を生みだしつづけるこの社会を許容してしまっている。

この負のサイクルから抜けだすためにも、社会は、建築を建てる意味を考えることを放棄してはならない。そして、建築コンペはその議論や合意のための優れた基盤となりうるはずなのである。はからずも《新国立競技場》コンペの騒動がその可能性を示したように。

——コンペには本当にそのような力があるのか。世界は何のためにコンペをしているのか。次章では、歴史に残るいくつかのコンペの経緯をたどりながら、その意義、その背景にある社会の欲望を検証してみたい。

第2章

コンペの歴史が語ること

「コンペは何のために行われているのか」。第1章で提起されたこの大きな問いについて、本章ではそれを歴史の中のコンペから探ってみたい。結論を先取りすれば、コンペを動かしているのは、次の七つの要素ではないだろうか。

1　便益への欲望——便利で利益のあるものをつくりたい
2　美麗への欲望——美しいものをつくりたい
3　継承への欲望——新人に機会を与えたい
4　似姿への欲望——「われわれ」にカタチを与えたい
5　調和への欲望——すでにある環境に合うものをつくりたい
6　公平への欲望——つくるものを公平に選びたい
7　破壊への欲望——いままでにないものをつくりたい

これらの組み合わせによって、コンペは社会の中で成立している。なぜこのように結論づけられるのかを、歴史的なコンペの経緯や背景をつうじて論じたい。そして、最後に、ここでなぜ「欲望」という言葉を用いたか、そこから「みんな」につながる回路も明らかにしていこう。

1　便益への欲望――便利で利益のあるものをつくりたい

建築は機能を持った構築物だ。求められる目的を果たす必要がある。構造や環境工学といった工学的な条件や、経済、法規などもかかわってくる。こうした複雑な連立方程式の最適解を得るために、コンペが行われる。便利で利益があるものをつくりたいという願いが、個人を競争させて、その最良の案が採用される。これを「便益への欲望」にもとづくコンペと称したい。

未知の工法をさがして――《サンタ・マリア・デル・フィオーレ大聖堂》

一四一八年に行われた、イタリア・フィレンツェのドゥオーモこと《サンタ・マリア・デル・フィオーレ大聖堂》のコンペは、公共的な建築コンペの出発点として語られることが多い。フィレンツェは一三世紀から繁栄を遂げたが、同じトスカーナ地方のピサやシエナに比べれば芸術的には新興の地だった。それを一気に挽回する都市の象徴として、過去に類を見ない規模のドームを持った大聖堂が構想されたのである。

だが、このコンペで問われたのはデザインではなく、デザインが先行している状態への解決策だった。大聖堂は一二九六年に起工し、一五世紀初めに大きな工事は巨大なドームのみを残すの

Fig. 6 《サンタ・マリア・デル・フィオーレ大聖堂》

みとなった。しかしながら、足場や仮枠を使う通常の工法では、内径四三mものドームを地上五〇m以上の高さでつくるのが非常に困難であることが明らかとなり、施工のアイデアを求めることになった。このコンペに当選したフィリッポ・ブルネレスキは、内殻と外殻の二重のドームを用い、足場も仮枠もなしに施工する案を提出した。これが採用されて、彼の陣頭指揮の下でドームは一四三六年に献堂式が行われた[▼1]。

ブルネレスキとコンペとはすでに因縁があった。ブルネレスキは彫刻家として修行した後、生地のフィレンツェに戻った一四〇一年に、大聖堂に付随した洗礼堂の扉の制作者を決めるコンペに参加する。力量を測るための課題は、旧約聖書の「イサクの犠牲」の場面を彫刻にすることだった。彼はそれぞれの登場人物が動きをもって呼応しあう革新的な表現で応えたが、ロレンツォ・ギベルティの案に惜しいところで破れた。一説によれば、このときの不満がブルネレスキをローマに赴かせた。その真偽はさておき、コンペが求めるドームへの便益を彼が実現できたのは、まさにこのローマ行きのおかげであった。パンテオンをはじめとした古代のドームをローマで観察し、当時は失われていた積み方を再発見し、そこから二重ドームの案を創造した。

以上に述べてきたのは、**新たな理想が掲げられ、その解答を持つ人間がどこかに潜んでいると信じてコンペが実施され、それまでと違う経験を持った人物が呼び戻されて、社会に参照源を一つ追加したというストーリーである。**

新しいビルディングタイプを求めて――《国立京都国際会館》

「便益への欲望」にもとづくコンペは、特に理想が高く、それまでの手法で解決ができないときに有益だ。国内の名コンペとして名高い《国立京都国際会館》をめぐる動きも、これと似たような性格を持っている。《国立京都国際会館》の設立は、一九五七年に閣議で決定された。そこでは、国際連盟本部であり、第二次世界大戦後は国際連合の事務局が置かれたジュネーブの《パレ・デ・ナシオン》やニューヨークの《国際連合本部ビル》に匹敵する国際的な施設の建設が謳われた。敗戦から一二年しか経っていない当時、「国際」という言葉は再び戻るべき国家目標として輝いていたことだろう。《国立京都国際会館》はいささか気負った、日本の国際社会への復帰の象徴として計画されたのである。

このプロジェクトはコンペの質の高さでも知られる。一九六二年一二月に公開コンペの募集要項が告示され、一九六三年六月の締め切りまでに寄せられた一九五案の中から、大谷幸夫の案が最優秀に選ばれた。それに次ぐ優秀賞が芦原義信、大高正人、菊竹清訓に与えられた。後に巨匠となる四人が、入選者に揃い踏みした。その若さも驚きだ。当選時、大谷は三九歳、芦原が四五歳、大高三九歳、菊竹三五歳だった。このコンペは戦後建築の次世代を抜擢した。純粋に戦後に建築設計を始めた人たちの力量を知らしめたことが、建築界から優れたコンペと評される理由の一つとなっている。

他にも、準優秀作に選ばれた当時三五歳の槇文彦をはじめ、吉阪隆正、清家清、岡田新一、黒川紀章、原広司など、その後の建築史を彩る名が応募者の中に見られる。翌年には全応募案を収録した書籍が刊行された[▼2]。実施を前提にしているだけに、どの案も詳細だ。設計図にある細い線の一本一本に、光線や構図を検討し尽くしたであろう模型写真に、それらを統合する構想力に投入された膨大な知恵と労力に目眩がする。実際に建っているかのように想像して、空間をさまよえるほどの内容である。

なぜ多大な意欲が注がれたのだろうか。まず、審査員に一つ上の世代の一流建築家を揃えていたことがあるだろう。審査員は一一名で、伊藤滋、佐藤武夫、丹下健三、前川國男、松田軍平、

Fig. 7 《国立京都国際会館》

東畑謙三と、いずれも戦前に建築の設計をスタートさせ、戦後に主流となるモダニズムの先駆となった建築家が過半を占めた。残る五名の審査員は、伊藤忠相談役の伊藤忠兵衛、のちの経団連会長の植村甲午郎、倉敷レーヨン社長の大原總一郎、外務省の奥村勝蔵、京都市長の高山義三だった。

また、それまでにない「国際会館」というビルディングタイプをどう建てるのかという課題が、想像力をかきたてるものだったことも挙げられる。さらに、当選者に実施設計や必要な監理を委嘱すると募集要項に明記されていたことも大きい。この規模の公共建築であれば、それまではコンペを実施しても、自らの責任として建設省が実施設計を手放さなかった。それが今回は建設省営繕局の中に事務局を設けてアイデアを待ち望み、決定後は実現のサポートにまわったのだ。審査は六回、七月一日〜一三日中の六日間を割いて行われ、都度ごとに評価法を変えて、多角的な視点から案を絞り込んでいった。無難なものを選ぶ手続きに終わらせてはならないという決意が、審査の進め方からもうかがえる。

最優秀を得た大谷幸夫が実施設計者となり、工事は一九六四年一月に始まった。応募案を曲げることなく、《国立京都国際会館》は一九六六年五月に開館した。訪れた者はまず、その独創的な外観に目を奪われるだろう。全体が台形と逆台形の組み合わせによって形づくられている。斜めに突きだした柱や板材を組み合わせたような壁面が、合掌造りの集落や神社を連想させる。荒く仕上げたプレキャストコンクリート面は、日本の伝統建築に見られる率直さと、近代的な力強さを兼ね備えている。

ただし、表層的な日本らしさが求められたのではなかった。大谷も説明にあたっては、直接的に過去の日本建築の形に言及することを避け、台形は必要とされた二〇〇〇人規模の大会議場のスケールが大きいために壁面を内側に傾けて山への圧迫感を和らげたもの、逆台形は執務空間にさしかけた庇であるとして合理的な解説に徹している。

他の入選案も同様だ。芦原の案は平面的には弧を描き、立面的には地形に合わせて伸びる建物から高層棟が突出し、軸線をずらした日本建築の塔を思わせる。大高の案は量塊的な構成が、伝統的な屋根のようだ。菊竹は建物全体を高く持ち上げ、柱による場をつくりだしている。どの案も内部に立体的な居場所があることを、透視図で強調している。

このコンペで問われたのは、理想が先行している状態に対する解決だったといえる。解決されるべき中心課題は、表層的なデザインでも、外形の象徴性でもなく、「便利」と「利益」だった。「国際会館」の機能は、単に会議を行う、食堂で食事するといった予測可能な機能に対応する部屋を並べただけでは果たせないだろう。相互理解や合意のためには、部屋を移動したり、外部の庭に出たり、連れ立って風景を眺めたりしているあいだの、公式ではないコミュニケーションも重要だからである。

当選した大谷案は、斜めの座標軸を導入することによって、部屋の内外および建物の内外という壁を取り払い、建物内に多様な床のレベルがある状態を、自然に感じさせている。内部は見通して体験が予期できるような一様な空間ではなく、溜まりとなる場が豊富に用意されている。インテリアから彫刻、建物、庭園までを一続きにデザインすることで、公式の会合だけでなく、非公式のコミュニケーションも育む場を創出したのだ。

便益を求めるという人間の欲望は、このように単に技術的な前進だけでなく、ビルディングタイプの更新などにも寄与する。理念が先行する状態への解決を広く求めるオープンイノベーションとしての機能があるといえよう。**解答を持つ人間がどこかにいるという希望が、理念を抱くことを後押しする。理念という未来への希望と、多様な人間が社会にいるという現在に対する希望の交点に、コンペは存在するのだ。**

2　美麗への欲望──美しいものをつくりたい

建築が便利で利益がある構築物であれば良いかというと、そうでもない。人間には美しいものを求める気持ちがある。建築の三大要素として、しばしば「用・強・美」が挙げられる。古代ローマの建築家、ウィトルウィウスの建築書に由来する言葉だ。最初の二つ「用」と「強」が、先に述べた便益への欲望と関係する。残るは「美」である。

美しいものをつくりたいから、コンテストを開催し、金賞となった案を現実化するという成り立ちは、美術コンクールなどに類似する。一般の人にとっても想像しやすい要因だ。実際、さまざまな建築コンペの動機に紛れ込んでいるだろう。しかし、建築コンペの場合、競われるのは「案」である。現実に仕上がった作品ではない。しかも、さまざまな要素が複雑に絡んでくる。そんな中にあって「美麗への欲望」は、どんな機能を果たすのだろうか。

百花繚乱のコンペ──《シカゴ・トリビューン・タワー》

最も美しいものを我がものにしたい、そんな欲望を世界に対して露わにしたコンペが二〇世紀初頭に行われた。一九二二年にアメリカの新聞社であるシカゴ・トリビューンが「世界で最も美しく、最も際立ったオフィスビル」("the most beautiful and distinctive office building in the world")を求めると告示し、案を募ったのである。応募資格は世界の建築家に開かれていた。賞金総額は実に一〇万ドル。現在の貨幣価値で約一億六〇〇〇万円もの巨費だ。この規模の公開コンペを民間が実施するのは珍しい。そして公が行うのであれば、求めるものはもっと客観的に記されていただろう。コンペが何を欲望していたのかを考察するうえで好適といえる。

このコンペの最大の特徴は、できあがった作品よりも、コンペ自体のほうが有名であることだ。歴史上たびたび起こる現象だが、ここまで著しい例は他にない。これには三つの理由が複合している。

一つ目は、応募案の「多様性」が際立ったことだ。その中にはゴシック様式の鐘楼のような案から、古代ギリシアの神殿を頂部に載せたもの、古代エジプトのオベリスクに似たもの、アール・デコや表現主義、モダニズムの色彩が強い案までがあり、変化に富んでいた。おおよその高さは指定されている一方で、募集要項に様式に関する具体的な指定はなかった。時代はモダニズムに向かう頃だったが、様式主義やその他の動きも依然、力を持っていた。したがって、応募案はスタイルの見本帳のようであり、コンペ総体が一九二二年という時代の映し鏡となった。

二つ目は、ヨーロッパの前衛的な建築家のアイデアが表出される機会となったことだ。ドイツのデザイン学校であるバウハウスの校長を務めていたヴァルター・グロピウスが、アドルフ・マイヤーと連名で応募した案は、現在日本一の高さを誇る《あべのハルカス》と似た雰囲気を持つ。

Fig. 8　代表的な応募案
右より、グロピウス・マイヤー案、タウト案、ロース案

約一世紀を先取りしたわけである。過去の形に頼らず、未来を目指す姿勢はドイツの建築家ブルーノ・タウトも同様だったが、彼は最頂部が一点に集約される表現主義的な案を提出した。「装飾は罪悪である」という言葉で有名なオーストリアの建築家アドルフ・ロースは、巨大なドリス式オーダーを基壇の上に載せた形状の案で応えた。これは皮肉なのだろうか。

三つ目の理由は、審査結果にある。二六三の応募案の中から首席に選ばれたのは、アメリカの建築家ジョン・ミード・ハウエルズ&レイモンド・フッドの案だった[▼3]。共にフランスのエコール・デ・ボザールで学んだ彼らは、すぼまった頂部を壮麗なフライング・バットレス状の装飾で整えた。垂直性が強いゴシック様式を摩天楼に適用するという方向性は、一九一三年に完成して当時世界一の座にあったニューヨークの《ウールワース・ビルディング》と同様である。入選した他の二案もゴシック様式が基調だった。それとは対照的に、前衛的なヨーロッパからの応募案は選外佳作にも選ばれなかった。こうした結末を当時のアメリカの後進性の発露と見るか、あるいはモダニズムの限界を示したものと捉えるか。スタイルの多様性が物語るものや、ロース案の解釈などと共に、コンペはいまも豊富な議論の種を提供している。実際の建物はというと、コンペ翌年に着工し、一九二五年には応募案そのもののような姿で完成した。プロポーションはさらに洗練され、図面に描きこむには細かすぎた装飾も見事な仕上がりである。

Fig. 9 《シカゴ・トリビューン・タワー》

　このように美麗への欲望が典型的に露わにされ、実現されたコンペは、この欲望のどのような性格を示しているのだろう。まず、先に示した募集要項で「美しく」と「際立った」が並列しているのに注目したい。「際立った」という語には、ただの「美しく」には含まれない鋭利な響きがある。原語の「distinctive」は、「dis」（切り離す）と「stinct」（突き刺す）で構成されている。そこから「突き刺した印ではっきりと他と区別することができる」といった意味になる。他者との差別化に成功した勝者が、他とは区別される高さを競いあい、針のような鋭さで天を削りとろうとする摩天楼《スカイスクレイパー》——天（sky-）を摩《こす》る（-scrape-）もの（-r）——の欲望を表現するような言葉である。ただし、この語は二〇世紀初頭のアメリカにかぎったことではなく、「美」を求めるコンペが内包する性格を普遍的に表しているだろう。単に従来の延長上にある美しさで良いのであれば、まだ見ぬ提案を求める必要はない。**それまでとは一線を画した美を高望みすればこそ、コンペは行われる。**

　このように見ていくと、モダニズム側の建築家が敗れたのは、募集要項を無視したからではないことがわかる。彼らも「世界で最も美しく、最も際立った」という呼びかけを受けとめ、正面から応えた。ある者は、過去の様式からはっきりと「際立った」美を提案することによって。またある者は、続く「オフィスビル」という言葉に重きを置き、機能性を研ぎ澄まされた形で表現することをつうじて。

　ただし、それらを美しいとはみなさなかった審査結果は「美麗」が抱える困難を示す。たいていの人は慣れ親しんだ常識の中で、美しさを感じる。それに対して「際立った」は、以前からあるものとは違うことを示す概念だ。ここにおいて、「保守性」と「前衛性」が衝突するのである。論理的には矛盾する。ただし、絶対に不可能というわけではないだろう。かつて目にしたことはないが、出現した瞬間に目を奪う強度というものがある。なぜいまも私たちは《シカゴ・トリビューン・タワー》のコンペが気になるのか。それは美麗への欲望を露わにすることが、何が美であるかを問い直す発見的な役割を担うことを示すからだろう。特にこのコンペは、様式主義からモダニズムへの転換期に行われたがゆえに、多様性が際立ち、審査結果も劇的である。ただし、問題は一九二二年にとどまらない。重要なのは、**コンペを行うことによって美をめぐる問いが共有されたことである**。共通の概念が揺れ動く近代だからこそ、コンペは開催され、新たな美につながった。

さらに、美麗への欲望の、建築コンペに対する特有の働きは、選出から完成までの**「連続性」**に貢献する機能だ。コンペで競われたのは絵に描いた「案」であって、完成品ではない。選出後に、未決の部分もあったであろう目的や工学的、経済的な条件などに応じた変更が必要となる。その際、コンペを開催した目的に美が含まれていたとすれば、中心軸を見失う危険性は少ない。《シカゴ・トリビューン・タワー》のコンペは、この点でも好例となる。その主目的が美麗への欲望だったがゆえに、当選者が建築家としては駆けだしだったにもかかわらず、当選案は曲げられることなく実現した。このことが設計者の力を社会にアピールし、後に《ロックフェラー・センター》などの設計を任されて、これとは異なる新しい美を誕生させるといった副次的効果も生んだ。最初の「案」の中に見出された美は、完成までのプロセスにおいて判断基準を共有化させる役割を果たす。構築物として必要な機能を満たすためのアイデアを他者が提供する際の軸になり、計画の継続的な深化に寄与する。建築において、**美のコンテストは選出の時点で終わらず、その後の「連続性」の動因となるのだ**。こうした現象のおおもとにも、建築コンペにおける美麗への欲望が、強度のある美にたいする欲望であるという傾向がある。

3 継承への欲望――新人に機会を与えたい

コンペはしばしば「若手の登竜門」といわれる。先述した《サンタ・マリア・デル・フィオーレ大聖堂》や《国立京都国際会館》が好例である。コンペの勝利がブルネレスキを、初期ルネサンスを代表する建築家に押し立てた。当選した直後から、いくつもの建築の設計依頼が舞い込み、彼はローマで探求した古代の建築的要素を応用した建築を実現させたり、透視図法を応用したりして、続く才能に大きな影響を与えた。機能を果たすための解法をコンペで求めた結果、新たな建築家が世に出て、時代の潮流を変えたのだ。

一九世紀初頭以降にコンペが定着していく過程において、この仕組みは刷新による継承という性格を強めていく。《国立京都国際会館》のコンペは、モダニズムにおける建築家の世代交代を印象づけた。建築におけるモダニズムは、空間に重きを置く。空間はその高さや連なり方や光の入り方などによって、独自の性格を形成する。それは全貌が一挙に把握できるものではなく、人間の行動と心理を左右する。建築とは人間が中に出入りすることで、一定の機能を果たすための立体物に他ならない。すなわち、空間を有している。したがって、建築を設計するうえでは、従来のように絵画的あるいは彫刻的な美しさを目指すべきではなく、人間が中に出入りして機能を果たす立体物であるという建築固有の性格に重きを置くべきである。空間から考えたほうが、便利で利益がある建築ができ、それを設計する建築家も社会から必要とされることになる。

《国立京都国際会館》のコンペで審査員を務めた建築家たちは、こうした理屈によってモダニズムを日本に定着させた世代にあたる。当然、空間は機能を満たすだけのものではない。心地よさや、えも言われぬ美しさも提供する。また、建築を空間という側面から捉えると、建物の外部と内部を同列のものとして操作することができる。外観にしてもインテリアにしても単純な箱型を抜け出した、新たな造形の可能性が広がるのである。《国立京都国際会館》のコンペでは、そんなモダニズムの展開が審査員の世代から次の世代へと託された。このコンペの秀逸さは、社会からの要請と自律的なテーマが重なり合ったことにある。求められたのは「国際会館」の機能に対応した新しい構成によって、予測可能な機能の並列を超えた空間の効果を出現させる便益であり、それは同時に日本のモダニズムの第一世代から次の世代に委ねられた建築の課題でもあった。次世代が競い解答を刷新することによって、社会に必要とされ続ける建築家のありようも継承されたのである。

「若手の登竜門」という定義の裏には、才能の新陳代謝が行われていることを証明して、建築家という職能を社会に位置づけようとする「継承への欲望」が潜んでいる。実施コンペにもこの目的が含まれているが、アイデアコンペにおいてより明快だ。一九四二年に建築学会が開催した大東亜建設記念営造計画のコンペは典型的である[▼4]。後者はまだ大学院生だった丹下健三が優勝し、名を高めたことで有名だ。このコンペをなぜ建築学会が開いたかというと、日本の場合は西洋と違って「建築」なる概念は政治家も理解していないし、国民も認識していない。戦争が始まって国威発揚が必要になってくると、建てることではなく、建てないことが社会へのポーズになる。しかし、建築学会としては日本の建築界も社会に役に立つことを示したい。しかも、そんな貢献ができる人材が若手にも揃っていることを主張したいということで実施された。自分たちの業界の存在を社会に納得させるためのコンペだ。現在でもコンペを期待する論でよく耳にするのが新人に機会を与えたいという言葉だが、そこに継承の欲望も存在することは否定できないだろう。

新人に機会を与えることは、本質的に社会のためになる。その活力を利用するためにも、コンペを業界内に閉じたものにしてはならない。継承の欲望に向き合い、それとコンペ開催の目的とをすり合わせることが必要である。

4　似姿への欲望――「われわれ」にカタチを与えたい

「われわれらしさ」を表現する建築を生みだしたい、という欲望も伝統的にコンペに含まれている要素だ。われわれというのは、国家や地域や都市や組織といったまとまりのことだが、当然これは生物学的あるいは地理的に自明なものではない。なんらかの表象を必要とする。目の前にそれが見えると「われわれ」が存在するように思える。そんな建築をどうやって生みだすかをコンペに託す例は枚挙にいとまがない。

自らの姿は自分では見えない。自画像を建築でつくる際の鏡を提供してくれる人物をさがすのが、この種のコンペである。すると、設計者は「われわれ」以外であってもまったくかまわない。また、自らの姿を請い願うのは「われわれ」の形成期にかぎった話でもない。成熟あるいは停滞している社会で、新しい姿を映してくれる鏡をどこかから持ってくるということもある。

そんな欲望に冠した「似姿」とは耳慣れない用語かもしれないが、旧約聖書で「人間は神の似姿に創造された」と書かれる時の言葉のことである。ギリシア語で「エイコーン」、正教会の聖画像「イコン」や、現在広く使われる「アイコン」の語源だ。**とりわけルネサンス以降、建築家に託されてきた大きな役割は、ある国家や都市のアイコンであり、自画像であり、似姿を創造することだったといえる。**

その役割を果たせる者を、一九世紀に入ると広く競争をつうじて求めるようになる。その筆頭として、まず《イギリス議会議事堂》のコンペの経緯を見ていきたい。次に、《ヘルシンキ中央駅》は北欧における「われわれ」の形成と建築が熱く同期した事例だ。最後に、人工首都であるブラジリアの成り立ちを確かめることで、「似姿」という概念がモダニズムにも当てはまり、都市計画にも適用できることが明らかになるだろう。

それにしても似姿を創造するとは尊大な願望である。さまざまな人が口を挟みたくなるはずだ。言葉の真の意味でアイコニックなものを強く望む結果、個人がぶつかり合い、軋轢が生まれ、結果として、すべてが一人の成果と呼ぶことのできない共作物が成立するといった現象も、ここから述べていく。

市民社会の声を集めて――《イギリス議会議事堂》

《イギリス議会議事堂（ウェストミンスター宮殿）》は、時計塔の「ビッグ・ベン」という愛称で知られる。本来は時を知らせる大きな鐘につけられたニックネームだが、それが特徴的な外観の呼び名として定着している。テムズ川沿いに高くそびえた姿が都市景観の一部となったことの証といえるだろう。イギリスの議会政治のシンボルであり、ロンドンの観光名所の一つであり、建築史的には「ゴシック・リヴァイヴァル」と呼ばれる一九世紀におけるゴシック様式の応用の流行から

Fig. 10 《イギリス議会議事堂》

生まれたことで名高い。これも革新的であり、また論議を呼んだコンペから生まれた建築である。

《イギリス議会議事堂》のコンペは、国家を代表するのにふさわしいのはゴシック様式か、それとも古典主義様式かという「様式論争」が活気づく機会になったとされる。とはいえ、ゴシック様式の案が選ばれたから議論が巻き起こったわけではない。一八三五年六月に公示されたコンペの募集要項の中でゴシックもしくはエリザベス朝様式（ゴシック様式からいくぶん変化した様式）でなければならないことは規定されていた。応募された全九七案の審査がなされ、募集要項の様式規定に則った作品群の中からチャールズ・バリーが栄冠を手にした。しかしながら、この時からゴシック様式への批判が盛んになったのだ。ここには、アマチュアと専門家という対立が潜んでいた。

そもそもコンペが実施されたのは、この期にイギリスを象徴する国家的モニュメントを、他の都市に負けないように建てるべきではないかという国民の声が、新聞などをつうじて無視できない大きさになったからだった。それによって議会議事堂は、事業者と設計者の二者の関係性に閉じられなくなり、社会の中で見つめられるものとなったのである。

コンペにおける様式の規定は、立地に起因するところが大きい。ここには以前、王の宮殿があった。そこに議会の前身である枢密院が設けられて、議会が常設されるようになった。しかし元来、議事堂としてつくられた建物ではないため、議員の定数が増え、求められる部屋も増加すると、いよいよ機能不全の態を呈した。対策のための委員会がつくられ、ゴシック様式の聖ステファン教会は保存し、他は建て替えるという提案を建築家が行った。その最中の一八三四年一〇月に、二日に及ぶ火災が発生し、宮殿の大半が焼失してしまう。ウェストミンスター・ホールおよびジュエル・タワー、聖ステファン教会の地下室、回廊のみが焼失を免れた。もとの建物を再建しようという動きもあったが、結局は、議会議事堂コンペの実施が決定された。「ゴシックもしくはエリザベス朝様式」という様式の規定は、残存している建物の保存が決まった以上、それに合わせる意味があり、当選案の発表以前は自然に受けとめられていた。

コンペの審査を務めたのは全員、元議員だった。現在からすると意外かもしれない。募集要項にはドローイングを無着色とすることが定められていた[▼5]。プロフェッショナルな技術で、見た目が左右されないためだろう。ただし、これは事業者側が良し悪しを判断するといった閉じた話ではない。「ゴシック・リヴァイヴァル」という、イギリスから他国に影響を与えた数少ない建築の潮流と関連している。その流れがアマチュアによって支えられてきたことを少し説明したい。

その出発点において欠かせないのは、ホレス・ウォルポールだ。初代首相のロバート・ウォルポールの息子で、自らも下院議員を務めた人物である。一七五〇年頃から数十年かけて、自らが好んだゴシック風に仕立てた別荘《ストロベリー・ヒル・ハウス》は、彼の執筆した小説『オトラント城奇譚』と共に、幅広い社交関係と出版物を通して、文学的、建築的なゴシック趣味の潮流をつくった。そのおよそ半世紀後、ウィリアム・トーマス・ベックフォードがそれを決定的なものにした。彼はホイッグ党の大立者でロンドン市長も務めたウィリアム・ベックフォードの息子であり、受け継いだ莫大な資産を投じて、一七九六年から広壮なゴシック様式の僧院《フォントヒル》を建築家ジェイムズ・ワイアットに依頼して建設した。

ゴシック・リヴァイヴァルは、権威や理論から誕生したものでなかった。個人の趣味であり、時代の雰囲気が原動力となっていた。これに対応して、裕福な依頼者を獲得したいと望む建築家は、ゴシック様式に対する知見を深め、期待に応えるロマンティックな邸宅を生みだしていった。

要するに、議会議事堂の審査員が第一に立脚しているのは、事業者側にいることでも、政治家であることでもなく、アマチュアとしての素質だったのである。コンペは自国らしい雰囲気を求める国民の声を受けて、その代表を任じる審査員が趣味にもとづいて判断するための素材を、広く専門家に提出させる形で実施された。アマチュアが専門家を使役するというゴシック・リヴァイヴァルの構図の延長線上にあるといえる。

そのうえで、《イギリス議会議事堂》のコンペが画期的だったのは、それまで教会や個人の邸宅にしか用いられていなかったゴシック様式によって、大規模な公共建築を企てたことだった。バリーが勝者となったのは、これに首尾よく応じたためである。議会議事堂には議場や図書館、大小の会議室や控え室など、教会とは比べものにならないほど複雑な機能が要求されるが、それらを十字の軸線を基調とした平面計画によって上手く処理した[▼6]。内部の機能は外観と必ずしも対応していない。全体に統一感を与え、国家的モニュメントとしての求めに応えたのである。

こうした構成力は、バリーが古典主義様式につうじていたことに起因する。バリーにかぎったことではないが、当時の建築家にしてみれば、古典主義様式こそが古代ギリシア・ローマの権威を継いだ正統性を持っていた。その理論を熟知した専門家として、建築家は社会に役立つというのが基本的な考え方だった。だからこそ、ゴシック様式は問題視されたのだった。趣味の領域にあるべき様式と、揺るぎない公共性を担うものとを履き違えていると建築家は捉えた。そうした区別を知らないアマチュアが、一見民主的なコンペという手段で専門家の領域に介入することは、社会をかえって危うくさせると。

議事堂は古典主義様式であるべきというのは、単にバリー案の追い落としではなく、そんな使命感から出た主張でもあった。それが専門家として進言すべきという真心によるものか、自らの職人的な領域を侵されまいとする保身かは別としてもである。確かなのは、建築をめぐる社会と専門家の主導権争いの中にこのコンペがあったことであり、コンペは公開されているがゆえに、専門家、すなわち建築の領域内に判断を収めるのが困難ということである。両者のバランスをとったバリー案は、議会や社会でおおむね評判が良く、正式に設計契約が結ばれた。

だが実は、アマチュアも魅惑する雰囲気の創造には、バリーだけでは力不足だった。もう一人の建築家、オーガスタス・ウェルビー・ノースモア・ピュージンの才能が必要だった。ピュージンはバリーより一七歳年下の建築家で、ゴシック様式の正統化と理論化に大きく貢献した人物として建築史上に名高い。彼は、ゴシック様式の特徴は、その形態が構造、素材、それに建物が社会の中で有する目的に対して「真実」であることにあり、だから美しいと考えた。それに対して、古代ギリシアの表層を借りた古典主義建築や、うわべだけのゴシック風の邸宅は「虚偽」であり、許されるべきでないと批難した。

この信念は彼のカトリック信仰と結びついていた。ピュージンはコンペ翌年の一八三六年に出版した『対比』において、先に述べた理屈でゴシック様式を正統づけることに成功し、一躍、建築界の時の人となった。彼にとって美は真実であり、信仰であったから、議会議事堂のコンペ時にはまだ無名だったが、すでにゴシック建築の細部デザインを情熱的に収集し、真実の感を現代に与えられるように応用する腕を磨いていた。バリーはコンペの応募に際して、ピュージンを雇い入れ、過去が蘇ったかのような細部を密度高く描きこませた。バリーの戦略が見事に的中し、栄冠を射止めた後、実施設計においてもピュージンが外観や内部のディテール、小物のデザインにまで携わって、いま見る議会議事堂の雰囲気を形づくった。

しかし、この協働作業がのちに、嫉妬も絡み合って、禍根を残すことになる。すなわち、真の設計者はバリーか、ピュージンか、という問題が浮上し、二人の没後に論争が巻き起こったのである。一八六七年に、ピュージンの息子は小冊子を出版した。「実際には私の父が主として設計した建物であるにもかかわらず、これまでその唯一の設計者として扱われてきた一人の人物が今日もなお完全に独占してしまっているその名声について、私の父に対してもその働きに応じた賞賛が与えられるべきであることを論証する」[▼7]ためのものだった。翌年、バリーの息子がこれに反論し、さらに感情的な応酬がなされて、両家の騒動が世間を賑わせた。

実際には、両人が共に欠かせなかった。ピュージンが熱情を傾けた細部の持つ力が、中世の騎士道精神と現代の政体とを架けわたすという、論理的には不可能と思える試みを現実のものとしたのである。それは華麗な国王の控え室や議場といった内部空間に発揮され、いまやロンドンという都市の象徴であるビッグ・ベンに刻まれている。細部が見せかけであってはならないとピュージンが考え、工芸的な質を建設において追求したことも大きい。精緻なデザインが衰退しかかっていたイギリスの職人の腕を刺激し、クラフツマンシップを後世に伝承させる役割も果たした[▼8]。

そして、全体を完成させたのはバリーである。ピュージンによる工芸的な質の追求で工期は大幅に延びたが、バリーが手にしていた政治力は遅延を致命傷にしなかった。当初の予定から一〇年遅れて一八五二年に議会として用いられるようになり、時計塔が一八五九年に、ヴィクトリア・タワーが一八六〇年に完成し、すべての工事が終わったのは一八六七年だった[▼9]。こうして築き上げられた確かな骨格は、紛れもなくバリーの構成力なしには存在しえなかった。ピュージンはそのように構成された外観が、議会議事堂の機能や構造と一致していないのが不満だった[▼10]。虚偽を嫌う彼の考え方とは違った性格である。

性格の異なる両人によって議会議事堂が成立したという二人ともが認識していたであろう事実を、バリーが努めて世間から隠していたことが、実は騒動のもとだったのである。ピュージンが一八五二年に四〇歳で早逝した後は、証拠隠滅を図ったほどだった[▼11]。もし、ピュージンがコンペ時のままに無名だったら、きっとバリーは、心の中ではそう思っていたように彼の貢献に感謝を示し、大家らしい気前の良さを表していたに違いない。だが、自身の代表作が、不幸にも早逝した天才の隠された作品として歴史に刻まれるという恐怖に、バリーは耐えられなかったのだろう。世を上手くわたれる人間は、それと対照的な人物の物語を、世間がもてはやすことも理解しているものだから。

それにしても、こうした協働も騒動もコンペの産物だといえる。様式をめぐる議論が前進したことも成果だ。なによりもその作品が時代を画した。《イギリス議会議事堂》は、それまで私的で趣味的な領域にあったゴシック様式が、従来のような表層性を脱して、公的で国家的な役割を担えることを証明したのである。

《イギリス議会議事堂》は、それまでの正統性や専門家の理論を超え、中世から現在までの時間の幅と、決して中央集権的ではない国土の広がりを架けわたして、一つの「われわれ」を感じさせた。なぜ、こうなったのか。審査員がアマチュアだったことも効いているだろう。しかし、より根本的な理由は、コンペの開催そのものにある。**理念の異なる建築家が組んだのも、アマチュアが見たときの納得感が勝利したのも、長期間の建設が正当化されたのも、公表された完成像が二人の決裂を押しとどめたのも、コンペの開催によって、建築が事業者と設計者の関係に閉じず、社会からまなざされるものになったことが決定的だった。**創造された似姿は、その後の世界に建築が国家や都市のアイデンティティを創出できるのだという勇気を与えた。そのうえで、《イギリス議会議事堂》は一つの意味に収まることなく、いまも魅力的な読解可能性を放っている。

民族の顔をさがして——《ヘルシンキ中央駅》

《イギリス議会議事堂》では、近代国家としての歴史が、それ以前から連続していることのシンボルを創出するうえでコンペが行われた。「われわれ」が一体だと感じられる建築を求めたのである。同じ思いが、国としてのあり方を模索していた二〇世紀初頭の北欧でもコンペを開かせ、名作をもたらした。

Fig. 11 《ヘルシンキ中央駅》

《ヘルシンキ中央駅》は、フィンランド人の建築家エリエル・サーリネンの設計で、コンペをつうじて一九一九年に完成した。それ以前のスウェーデン人建築家が設計した駅舎が手狭になり、建て替えられたものだ。ただし、駅を管轄するフィンランド鉄道と国の建設局は当初、新しい駅舎の構想をドイツ人の建築家に依頼し、提出された設計図で建設する予定だった。しかし、一九〇三年に計画が公になると、建築界から抗議の声が挙がった。中央駅舎は首都の顔であり、公共的な意義を持つ。様式においても、周辺とのかかわりにおいても、もっとフィンランドらしい、未来への誇りとなるものを築くべきではないかと強く主張したのである。これが支持を集め、フィンランド鉄道と国の建設局は計画を撤回、公開コンペの開催に舵を切った。

なぜ方針転換が可能になったのか。一二世紀から一九世紀にかけてフィンランドはスウェーデンの領土で、一八〇九年からロシアの自治公国になった。一八一二年に首都がトゥルクからヘルシンキに移され、宮殿、大聖堂、大学といった公共的な施設がドイツ人建築家のカール・ルードイッヒ・エンゲルの設計で整備された。彼の新古典主義の様式は、いまもヘルシンキの街並みの基調になっている。当初の新駅舎案もこの新古典主義様式に則ったものだった。配置計画にしても先代の駅舎を踏襲しており、駅前広場などへの都市的な展開は考慮されていなかった。無難な建て替えであることに、フィンランドの建築家たちは我慢ならなかったのである。

当時の「ナショナル・ロマンティシズム」の盛り上がりも運動を後押しした。「ロマンティシズム」（ロマン主義）は、美術や文学、音楽や建築などにまたがる、一八世紀末から一九世紀にかけてヨーロッパで大きくなった文化的潮流である。ルネサンス以降、普遍主義的、理性主義的な精神が、従来の慣習的な世界を打ち破ってきた。そうした啓蒙的な姿勢が新たな権威になりつつあることへの反発だった。均整がとれ、社会的・政治的に正しい古典主義とは反対の世界を、ロマン主義は切り開いた。言葉にすると、個別的、情熱的、神話的といったものになる。こうした言葉は、《イギリス議会議事堂》を生みだしたゴシック・リヴァイヴァルの潮流にも当てはまる。一九世紀末から二〇世紀初頭にかけて北欧や東欧やスペインなどを席巻したナショナル・ロマンティシズムは、その正統な後継者である。イギリスやフランスやドイツの動きが、周辺地域に遅れて到達したということではない。ロマン主義は、光あたる中央だけではなく、薄明かりの中にある周辺にも、それ固有の価値があることを文化によって示したのだった。

それでは、それと「ナショナル」とはどのように関係するのだろう。この語を日本語に訳すと「民族的」あるいは「国民的」となる。語感の印象がだいぶ違わないだろうか。「民族」はロマン主義と相性が良さそうだ。世界の中の個別の物語であり、情熱的に語られ、往々にして神話が持ちだされる。他方、「国民」はもっと理性的、法的で普遍的な印象がある。だが、実際には二つは重なって「ナショナル」という概念を構成している。

当時、近代国家への歩みを始めようとしていた周辺地域において「民族」の自覚と「国民」の独立は鋭く重なる。中央の大国から押さえつけられ、少なからず曖昧で、従属的な立場に置かれてきた彼らも、近代的な思想が到達したり、近代的な工業が発達したりすることで、「われわれ」としての自信を高めていく。しかし、そうした思想や工業も、少し考えればわかるように、中央からの伝来物である。たとえばヘルシンキ中央駅にしても、一八六二年に同駅を起点としたフィンランド最初の鉄道が開通した際、採用されたのはロシアと同じ軌間であるから、統治下での繁栄の象徴といえなくもない。

したがって、独立にもつながる意志を鼓舞するうえでは文化的運動のほうが相性がいい。そこにおける文化は、中央から見れば、混じり気が多く、普遍性を欠き、文字文化が遅いために少し遡ると神話の闇へと消えてしまう。それも優越性として主張できるのが、ナショナル・ロマンティシズムである。一八三〇~四〇年代に出版された『カレワラ』は、フィンランドの各地でロ伝えに受け継がれてきた物語を採集し編纂したもので、フィンランドの知識人、芸術家たちに自信と着想を与えた。作曲家のジャン・シベリウスもその一人だった。

《ヘルシンキ中央駅》の問題が勃発したのは、こうした文化的な「民族」の自覚が、運動としての「国民」の独立と強く関連した時期だった。一八〇九年にフィンランドを手にしたロシア帝国は、フィンランド大公国を建国し、その大公をロシア皇帝が兼ねる形で、かつてスウェーデンが与えていた以上の自治権を付与した。途中、ロシア化政策をとった時代もあったものの、一八五五〜八一年に在位したアレクサンドル二世は独自軍の設置や通貨発行を認め、さらに独立国に近い形で遇した。

しかし、息子のアレクサンドル三世の時代から、逆の動きが始まる。続くニコライ二世は一八九九年に自治権の廃止を宣言し、独自軍は解散させられてロシア軍に徴兵され、通貨発行権も関税自主権も奪われ、ロシア語教育が強制された。抵抗の象徴となったシベリウスの交響詩「フィンランディア」は、一八九九年の作曲当初「フィンランドは目覚める」と題され、ロシア政府から演奏禁止処分を受ける。ヘルシンキ中央駅のコンペが公示された一九〇三年とは、フィンランド総督としてロシア化の先鋒を務めたロシアの軍人ニコライ・ボブリコフが独裁的な権限を付与された年であり、翌一九〇四年は彼がフィンランドの青年の手で暗殺された年である。こうした「ナショナル」な自覚が高まる中で、コンペの開催は支持されたのだった。

コンペの審査員長を国の建設局長が務め、建築家側から二名、フィンランド鉄道から二名の計五名による審査員団が編成された。四か月の公募期間を経て、一九〇四年四月に審査結果が公にされた。応募二一作品のうち五作に賞が与えられ、主席はエリエル・サーリネンだった。

一九一〇年に建設が始まり、一九一九年に竣工した駅舎は、しばしばナショナル・ロマンティシズムの代表作とされる。遠目からは時計塔が目印となり、地上部では入り口の大アーチがすべてを律している。都市との接続部として前面に突きだし、他の場所とのジョイントであるという駅の本質的な役割を思い起こさせる。左右には照明を掲げた巨人を従え、他でもないヘルシンキから出る、入るという印象を高める。伸びやかなアーチの形は内部でも繰り返されている。エントランスホールとチケットカウンター、コンコースとの境などに用いられて、入り口のそれと同様に大きなガラスを介して、軽やかに機能のあいだをつないでいる。公共的な施設によく使われていた建築的要素、重々しいアーチやオーダー、ゴシック風の凝った彫刻などは影を潜めている。地上から隆起した運動の軌跡が凝固したかのような感覚は、時計塔に顕著である。教会や城郭の塔のようには見えず、かつてなかった形で、この場所を象徴し、鉄道が従うべき近代的な時刻を告げている。所与のルールに従ってつくられてはおらず、細部は情熱的であり、自然と人工の神話を思わせながら、駅舎という機能に対応した近代のフィンランドらしさが形成されているのだ。

ただし、コンペ時のサーリネンの図面には、こうした要素はほとんどなかった。窓は小さく、屋根は切妻型で、時計塔の文字盤も中世らしい塔の形に従属している。外壁には荒い石の質感が描きこまれ、要塞のような閉鎖感を高めていた。これは「ファサードの大部分を自然石とすること」といったコンペの募集要項を反映したものだった。入選した五案も似た雰囲気で、当時のナショナル・ロマンティシズムがどのようなものだったのかがわかる。フィンランド建築家組合の大久保慈は、後に巻き起こったナショナル・ロマンティシズムへの批判を次のように小気味良く要約している。「これまでフィンランドにはごつごつした花崗岩の建築物はほとんどなかったのに、なぜいきなり花崗岩がフィンランド風になるのだ？　なぜ彫刻群の中に実際にはフィンランドにはいないトドがいるのだ？」[▼12]。

サーリネンの案が選ばれたとき、批判の先頭に立ったシグルド・フロステルスは、駅舎はもっと鉄道技術や利用者の動線との合理的な関係性から設計されるべきだと主張した。彼がコンペに提出した案は大きな開口部を持ち、直線と曲線を組み合わせ、壁には目地を描かずに、形態としての一体感を強めたものだった。フィンランド的でないとして入賞を果たせなかったが、彼の主張は支持を集め、建築界の空気を変えていった。サーリネンも批判を深く受けとめた。国外を視察し、設計を改めたのである。名作と呼ばれる創造性は、この実施案で登場したことが資料からわかる。

この経験がサーリネンの作風も変化させた。先に「美麗への欲望」で触れた一九二二年のシカゴ・トリビューンの本社屋を超高層で設計するというコンペに、彼は上方に行くにつれてセットバックする力強い形態で応えた。《ヘルシンキ中央駅》の実施案で見出された、時計塔のフォルムの延長上にある。コンペならではの場所性を飛び越えたアイデアが二位に入賞し、思いもかけない北欧からの解答が、アメリカの摩天楼の流れに影響を与えたのである。サーリネンはこれを機に一九二三年に新大陸に移住する。

《ヘルシンキ中央駅》での入賞と批判が、地を這う過去ではなく、未来に向かうロマンティシズムを誕生させた。**公開されるコンペの性格が、建築家同士の議論を生み、大陸を架けわたす関係性を育んだのだ。**「ナショナル」なものへの注力が、それを超える契機になりうる事実がわかる。

国家の顔をさがして——《ブラジリア》

「われわれ」をつくるコンペの最大規模を探るべく、ブラジルの内陸にある首都ブラジリアを見ていきたい。一九五六年から翌年にかけて新首都を設計するコンペが行われ、主席となったブラジル人建築家ルシオ・コスタの案にもとづいて、一九六〇年四月二一日に開都した。

従来、この新首都はどのように見られてきたか。《ブラジリア》の経緯や背景を詳細に論じた中岡義介と川西尋子の『首都ブラジリア』は、それは「「欠陥のある」空間組織を通して社会問題を生成している失敗作だと決めつけられてきた。そして、開都以来、いやコンクールの勝者が決定するやいなや、あまたのバイアスを受けてきた」[▼13]という。

《ブラジリア》は、第二次世界大戦後に工業国としての自立と再興を目指した、非欧米諸国らしいプロジェクトとしてイメージされやすい。すなわち、個人に牽引され、国土開発型で、いくぶんナショナリスティックなものとしてである。《ブラジリア》の実現が、ジュセリーノ・クビチェック大統領の任期と重なっていることも影響しているだろう。彼は一九五六年の大統領就任後、「五〇年の進歩を五年で」を旗印に、新首都のコンペ応募資格をブラジル人に絞って実施し、任期中にリオデジャネイロからの遷都を終えた。

しかし、実際にはブラジリアの位置もその名も、就任前からの決定事項である。急ピッチの新首都建設も、応募者を国内に限定したコンペも、当初のクビチェックが望んだものではなかった。

ここで、いったんブラジリアに至るまでのブラジルの歴史を確認しておきたい。一五〇〇年、ポルトガル人のペドロ・カブラルが現在のブラジルの国土を「発見」し、十字架を立てて占有の印とし、植民地とした。当初一六～一七世紀にかけては、大西洋岸を中心に植民都市が建設され、一五四九年に総督府が置かれたサルヴァドールも海岸沿いにあった。金鉱が一六九三年に発見されると、内陸部にも都市が誕生し、複数の都市や生産地を結ぶ交通網が成長し始めた有機的で一体であるブラジルという観念が芽生え始める。

一九世紀になると、都市のあいだに血をめぐらせる首都が開かれるべきであり、その場所は内陸部にほかならない、そんな首都の思想が、ブラジルの体制をつくり変える動きと並行して鍛えられていった。一七八八～八九年にアメリカ独立革命に影響を受けたチラデンテスが先導した独立運動とその挫折の際にも、一八〇七年にナポレオン軍の侵攻を受けてポルトガル宮廷がリスボンからブラジルに脱出したときにも、一八二二年にブラジル帝国としてポルトガルから独立した

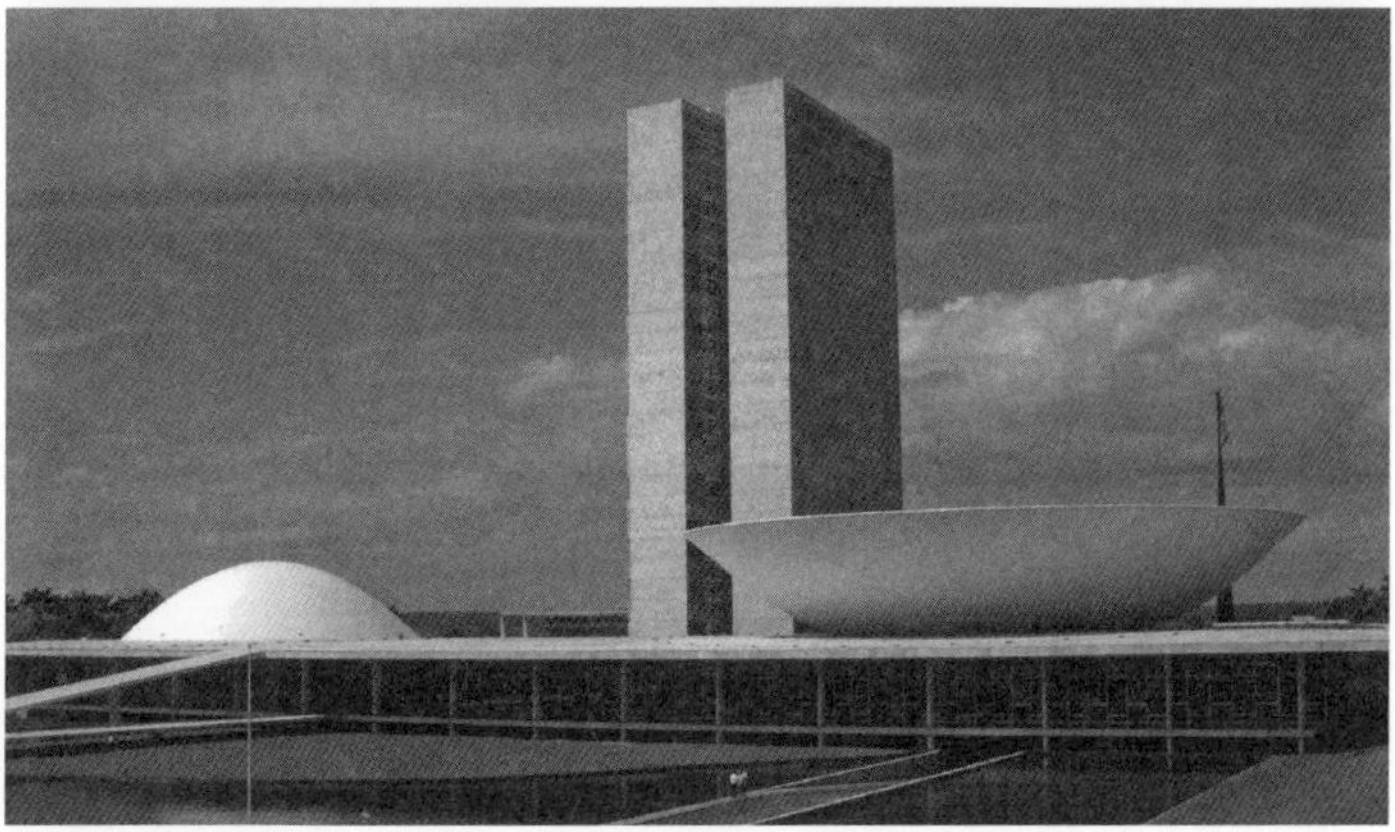

Fig. 12 《ブラジリア》
上 俯瞰写真
下 国民会議議事堂

直後にも、新首都構想が興り、いずれも実現せずに終わった。そんな理想都市の名として「ブラジリア」という言葉が一八二三年に誕生していた。

続くブラジルの体制変革は一八八九年で、帝政が廃されて共和制に変わった。制定された憲法には内陸部への首都建設が明記された。一八九四年には新首都の位置も定められた。しかし、力を持つサン・パウロ州とミナス・ジェライス州が手を結んで支配する体制が安定するようになると、実現は再び遠のいた。

ブラジリアの誕生には、日々の生活に収まらないナショナリズムの登場を待たなくてはならなかった。国外との人と情報の交流に刺激されながらブラジル人としての国民意識を清新な文化や芸術で表現した一九二〇年代と、そうした国民意識を統合してファッショ的な新体制を確立した一九三〇年代のヴァルガス体制の下でこそ、まだ見ぬ新首都はようやく確かな流れとなったのである。第二次世界大戦後に制定した新憲法下で、より具体的な内容と経過が定められた。

クビチェックは選挙戦が始まった当時、内陸部への首都移転に重きを置いていなかったという。これは彼が既存の体制で支配的だったミナス・ジェライス州の出身であることに関係している。しかし、全国を遊説するうちに考えを変えた。新首都に対する人々の高い関心を肌で感じたクビチェックは、新首都の建設を国家統合と経済発展の基盤とする政策へと、政治家らしく転じたのである。

応募者をブラジル人にかぎったコンペの開催も、当初からの考えではなかった。実は選挙戦の最中、ル・コルビュジエに心酔していたパリのブラジル総領事が、コンペの形式に関する助言を彼に求めていた。「コンクールという方法が民主主義の欠陥になっている」とル・コルビュジエは答え、政府は力になりうる人物を指名する勇気を持たねばならないとつづけた。この実に建築家らしい売り込みに乗っていたら、コンペそのものが実施されなかったに違いない。クビチェックは大統領に就任すると、国際コンペの開催を望んだが、これは国内の建築界から反発された。一九五六年九月に「プラーノピロット」という、全体計画を意味する国内コンペが公示された。この語は、かのル・コルビュジエが与えたものだった。ブラジリアのコンペは、個々の思いが大河に流れ込んで、形が整えられていったのだ。

一九五七年三月一一日の締め切りまでに二六案が寄せられた、三月二五日にルシオ・コスタの案が首席であることが発表された。彼が提出したのが二万五〇〇〇分の一の全体計画図の他、一五点のスケッチと一六枚の手書きの説明書に過ぎなかったことは少し物議を醸した。というのも、審査を務めたのは国内三名、国外三名のいずれも建築・都市の専門家で、ルシオ・コスタの弟子であるオスカー・ニーマイヤーも、その一員だった。さらに、ニーマイヤーとクビチェックの関係は近しかった。ニーマイヤー初の大仕事であり、ブラジリアと同じく世界文化遺産に登録されているパンプーリャ湖のプロジェクトは、クビチェックがベロ・オリゾンテ市長時代に依頼したものだ。ブラジリアをめぐっては、コンペ時に開発会社建築都市計画課の立場から加わり、建設に移されると庁舎や博物館などの具体的な設計を担った。

こうした事情をかんがみれば、ルシオ・コスタが新首都の設計者として選定されるのは既定路線だったのでは、と思えなくもない。実際、最終議論を行う以前にニーマイヤーと三人の都市計画の専門家から作品の順位づけと講評が提出されたとして、審査員の一人は審査報告書への署名を拒否した。

コスタの案の出発点が、現在のブラジルの始まりにあった占有の印としての十字架であることを『首都ブラジリア』は強調している。コンペの説明書は「まるでスケッチを描きながら話を進めていく講演のよう」であり、通し番号の一番は次のように始まる。「1──場所をしるしたり、そこを占有したりするときに人がみせる最初のしぐさ、すなわち直角に交わったふたつの軸、まさしく十字架のしるしから生まれた」。十字架は地形を考慮して大地に置かれ、正三角形に内接するように軸の一つが弓なりに曲げられる。こうして上空から見ると鳥のような、飛行機のような、三権分立を示すような形ができあがる。その後、機能がゾーニングされて完成に至る様を説明文は記している[▼14]。

コスタの案は、厳密な形を定めたものではなかった。そのことが、コンペが行われた趣旨に適合していた。実施過程において、大きさや機能などの調整をなす余白があることが重要であった。コンペをつうじて大地の上に、人間の集団が頼るべきものを樹立することが求められていたのである。それは自然の中に存在するものでなければ、自然にできあがるものでもなく、みんなで出しあった案の中に、見出されるだろうものである。

ここからわかるのは、**コンペとは確実なものではなく、期待にほかならないことだ。他人の中に、まだ見ぬ優れたものがあるだろうという信頼であり、それが属人的なものを超えて評価されるという希望である。すなわち、不可知の他者と未来への信頼の柱となりうる、理念のシンボルなのである。それなしに人はどうして、共同体を営むことができようか。**

コスタの十字架はそのようなものだった。それがブラジルの始まりにあるということの意味が、彼の手の中でいま誕生したのだ。コスタはコンペ案が「即座に頭に浮かんだ」ものであり、そのアイデアが役立てば良いと思って応募したという。おそらく、それは本当だろう。新都市を築くコンペは、入植後の建設に始まり、まだできあがっていない、一体化の形成過程にあると自覚するブラジルに合っていた。

実施にあたっては賢明にも、部分から建設するのではなく、二つの軸線を確固とさせることを先に行った。開都まで約一年に迫った際、実のところコスタは二つの軸の交点などの工事を延期することを提案したが、クビチェックはそれを退けた。後退できない地点まで建設をつうじて事実化したのである。

十字のしるしから出発したこの都市は最初から全体がつくられなければ、意味をなさないことを、まさしく政治家であるクビチェックは的確に理解していた。そのことをルシオ・コスタの子であるマリア・エリザ・コスタは次のように形容する。「ブラジリアがまったく特別な都市の経験であることを忘れてはいけない——子どもをはらんだだけでなく、最初から大人として生まれた都市であるということである。子どもは自分にとっては大きすぎる洋服のなかで育って」いく都市なのだと[▼15]。

その後のブラジリアの建設工事に、コスタはほとんどかかわっていない。軍事政権の誕生などを経て、工事が止まったり、改変されるなどした部分もある。それでも、コンペでコスタが寄与したアイデアは抹消されることなく、新都市にアイデンティティを与えた。

コンペは政治的であり、政局を超えるものである。そのために利用できる装置だ。なぜなら、その内容が開示されているからであり、アイデアが視覚化されているからである。**コンペで重要なのは形態ではない。作者でもない。視覚化され、共有されうるアイデアである。**このことを、《ブラジリア》のコンペは示唆している。

以上の三つの事例を通じて印象的なのは、コンペが「われわれ」をつくるものでもあるということだ。《イギリス議会議事堂》は、他国に引けをとらない初めての国家的なモニュメントとなり、いまやイギリスらしさの一部となっている。もちろん、コンペが国家的な建築を成立させる唯一の手段であるわけではない。それでも、施主や設計者の名前よりも、自分たちから生まれたものであるという意識が前面に出るのは、コンペの大きな効果だ。一つには施主が決めたのでも、施主が決めた設計者が決めたのでもないという手続きの効能があるだろう。応募案によって他の可能性が明示されていることが、開かれた議論を呼ぶ。公開された案は、もはや「個人的」なものでない。発言権が「専門的」な枠組みに収まるものでもない。案の良し悪しについて、審査の妥当性をめぐって、竣工に至るまでの変更に関して、レベルの高低とは無関係に、口を挟む余地が生まれる。

このように考えると、なぜコンペが「われわれ」の建築に寄与するのかがわかる。一般性とは程遠い、個別的な建設行為にもかかわらず、というよりも、だからこそ、「われわれ」という一般的な主語を冠した語りを、コンペは呼び寄せるのである。建築による「われわれ」の似姿とは何であるのかという、コンペで喚起された問いと議論は、仮に建設プロジェクトが頓挫しても、白紙には戻せない。プロジェクトは議論に見つめられながら進行し、それが「われわれ」にふさわしいかどうかという問いは、竣工によって終了しないだろう。「われわれ」が自明であれば、わざわざ問題にされることはない。**流動的な近代の社会だからこそ、その解答を皆で模索するため、コンペが求められる。**結局のところ「**似姿の欲望**」**が自覚させるのは、孤立した個人でも、一様の普遍でもない、**「**連帯**」**なのである。**

5 調和への欲望——すでにある環境に合うものをつくりたい

アイコンはある場所に住んでいる人間の自画像だが、「調和への欲望」とはもう少し周囲も含めて、**すでに存在している自然環境、あるいは街並みや建造物といった人工環境との調和をもたらす存在を創造したいということ**である。「調和」の語は優しく響くが、それは決して凡庸ではない創造行為であり、そこにコンペは寄与する。すでにあるものと新しいものというのは、そもそもまったく別の存在であって、その矛盾をあたかも「調和」のように見せかける手腕が問われる。《パリ・オペラ座》、《ドイツ帝国議会議事堂》、《ストックホルム市庁舎》のコンペがそのような例として挙げられる。

時代の精神との調和――《パリ・オペラ座》

一八六一年に発表された《パリ・オペラ座（ガルニエ宮）》のコンペの主席に輝いたのは、当時三五歳のシャルル・ガルニエだった。彼が設計した壮麗なネオ・バロック様式の劇場は翌年早々に着工した。当初五年間を想定していた工期は一三年間半に延び、こけら落としを迎えたのは一八七五年だった。すでにナポレオン三世の第二帝政は幕を閉じていたが、いまやパリの歴史を物語るランドマークの一つとなっている。

大規模なオペラ劇場をパリに新築する計画はナポレオンの時代にもあり、一八〇九年にコンペが実施された。その後、七月王政期の一八四七年にもコンペが行われたが、どちらも建設にはいたらなかった。《パリ・オペラ座》のコンペは、一八六〇年にセーヌ県知事のジョルジュ・オス

Fig. 13 《パリ・オペラ座》

マンが敷地を決定して開催され、すべての国籍の建築家に開かれた国際コンペとなった。応募総数は一七一案。審査以前にシャンゼリゼの工業館で一般公開され、フランスを代表する建築家によって審査された。形式は二段階コンペで、第一次コンペでは五案を選出して順位づけし、それに対応した賞金を支払った。第二次コンペでは、第一次では最下位だったガルニエが主席となった。コンペの勝利はガルニエを一躍有名にし、彼のもとにはその後、多くの設計依頼が舞い込むことになった。

ガルニエの構想は、当時から贅沢との批判はあったが、決して建設費を無尽蔵に使ったわけではない。見えないところで建築家が素材を変更し、彫刻や装飾が建築に与える効果を重視したことが明らかにされている[▼16]。完成したオペラ座はコンペ時の設計案から形態の変更は見られるが、彫刻と建築を統合して、劇的な中心性のある空間を生みだすという根幹は一貫している。素材や構造が何であるかには無関心だという強い思想がある。同時に、機能的にはパリの地下ネットワークにつながった近代性が見られる。コンペで選ばれたのは、**理性的であり計画的なものと、本質的には無根拠だが安心感を与える感性的なものを、矛盾を感じさせずに融合した案だった**。それは「近代的皇帝」を中心とした第二帝政期のありように説得力を持たせる、優れたアイデアといえる。

先のイギリス議会議事堂とオペラ座を比べてみると、対照的な性格が見出せる。コンペの審査はアマチュアではなく、プロの建築家によって行われ、国際コンペによって新人がデビューした。ゴシック・リヴァイヴァル様式に対して、ネオ・ゴシック様式である。共に立地を意識した様式だが、イギリスの例が周辺に残っている建築にふさわしいものであるのに対して、フランスの例はナポレオン三世がオスマンに実施させたパリ改造によって開かれた広い道路のアイストップという新しい人工環境に調和したものである。もちろん、違いには対象となる建築物が議会議事堂であるか劇場であるかという差異も大きい。こうした一九世紀らしい幅によって、共に他国に影響を及ぼし、建築と社会とコンペの意味を充実させていった。

政治的なるものの調和――《ドイツ帝国議会議事堂／ドイツ連邦議会議事堂》

調和への欲望が幾重にも重ねられたのが、現在の《ドイツ連邦議会議事堂》の姿だ。《ドイツ帝国議会議事堂》として建てられた、この建築物をめぐるコンペの歴史とベルリンの歩みは、共に激動の中で推移している。

一九世紀、ドイツ統一をめぐるオーストリア帝国とプロイセン王国の主導権争いは、プロイセンの優位で進んだ。一八六六年にはオーストリアと戦ってこれに勝利し、一八七〇年には隣国の強大化を恐れて宣戦布告したフランス軍を撃破した。一八七一年一月一八日にヴィルヘルム一世が、ヴェルサイユ宮殿でドイツ皇帝として戴冠し、プロイセンの首都であるベルリンは帝都ともなった。

《ドイツ帝国議会議事堂》のコンペが開催されたのは翌一八七二年だった。一九人からなる審査員団による国際コンペとされ、応募者一〇一名のうち、外国人は三二名を数えた。その中から、ドイツ中部ゴータの建築家、ルートヴィヒ・ボーンシュテットの案が主席に選ばれた。最も目を引く特徴は、正面玄関に配された古代ローマの凱旋門の形で、中央頂部に四頭馬車像がある。これは同じ形式である近隣の《ブランデンブルク門》の彫刻をすぐに思い起こさせる。《ブランデンブルク門》は一八世紀末、プロイセンの領土を拡大したフリードリヒ・ヴィルヘルム二世によって建造された。当時の新古典主義の風潮の中、古代ギリシアで聖域の入り口に建てられた門が手本とされた。門自体が凱旋門の役割も果たしたが、勝利を伴った帰還とより深い因縁を持つのは、門上の四頭馬車に乗る勝利の女神像だ。一八〇六年にナポレオンがベルリンを征服したときに戦利品としてフランスに持ち去られたが、その後プロイセンがフランスに勝利して一八一四年にパリから奪還したという逸話がまつわる。

議事堂案はこれと同じ形式の勝利像を、いっそう示威的な古代ローマの凱旋門の上に置き、さらにバロック様式を取り入れることで強い存在感を醸しだしている。新国家の議事堂には、宮殿風の温厚さではなく、力の表現がふさわしいと考えたことは明白だろう。力というと好戦的に聞こえるが、そうではなく、周囲の圧力に打ち勝って平和を達成してきたというメッセージである。軍事的な勝利で新帝国が打ち立てられたという画期を象徴すると同時に、過去から受け継がれたベルリンの人工環境を紡ぐ存在が、選出された議事堂案だった。

早々にコンペが行われたのは、議事堂こそがドイツ帝国のまとまりの中心だったためである。憲法によってプロイセン王がドイツ皇帝であることは規定されていたが、帝国の中には二二の君主国と三つの自由都市があった。皇帝が招集する二院制の立法府は、各邦からの議員が集まる連邦参議院と、男子普通選挙で選出された議員からなる帝国議会からなる。これが創出された帝国を形づくる新制度だった。議会を収める議事堂を国際コンペとした背景には、美しい建築を求めるだけでなく、これが単なるプロイセン王国の拡大ではない近代国家の樹立であることを、実施をつうじて国の内外に表明する意図があっただろう。

だが、予定していた用地が取得できなかったことなどから、計画はいったん白紙に戻される。仮議事堂が使いつづけられ、一八八二年に改めて議事堂のコンペが開催された。応募資格は基本的にドイツ語圏出身者に与えられたが、前回のコンペの入選者は応募が可能とされた。前回を上回る一八八案が寄せられ、二名が並び立った主席のうち、より評価が高かったフランクフルトの建築家パウル・ヴァロートに設計が委ねられた。

コンペ翌年に始まった建設工事は、度重なる議員や建築アカデミーからの変更要求を受けて長引き、一八九四年に竣工式を迎えた。審査においてヴァロート案がまさった理由は、その力強さだった。四隅を角塔で引き締め、中央には正方形から立ち上がるドーム屋根を配した骨太な構成は好評を博した。この特徴は多くの変更が加えられた竣工作にも受け継がれ、さらに正面玄関をペディメントに変えるなどして、より泰然とした姿で都市の軸線を受けとめている。民族主義的だったり、理念的だったりというよりは、新古典主義もバロックも宮殿風のスタイルも併せ呑んで調和した姿に、ヨーロッパの本流としての自信が感じられる。一回目と二回目のコンペのあいだに宰相ビスマルクは、建国当初の目的どおりに国民意識を育成し、上からの工業化で経済成長を軌道に乗せた。国際的なものから国内的なものへというコンペの変化、そして竣工作までの変更は、統一国家としての自信の高まりが反映されている。

こうして生まれた《ドイツ帝国議会議事堂》であったが、やがて成立の根拠を失う。一九一八年、第一次世界大戦の敗戦間際の革命によって、ドイツ帝国もそれを構成する君主国も消滅するのである。それでも、議会はヴァイマル共和国の統合の中心であり、いっそう意義と役割を強めた。転機は一九三三年のアドルフ・ヒトラーの首相就任だった。議事堂は放火され、第三帝国の

Fig. 14 《ドイツ帝国議会議事堂》

時代をつうじてそのままに放置される。復活した帝国に、議会は無用と告げるかのように。

第二次世界大戦で敗戦した後、一九四九年に西ドイツと東ドイツが成立し、ベルリンも東西に分断された。東ドイツは東ベルリンを首都としたが、議事堂は西ベルリンにあり、それが社会主義国の東ドイツ内の飛び地だったために、西ドイツは新たにボンを首都とした。

かつての議事堂をどう扱うかについては長い議論の末、一九五六年に保存が決定され、爆撃で半壊状態だったドームの撤去後、修復のためのコンペが行われた。選出された建築家のポール・バウムガルテンの下で、工事が一九六〇年代に実施され、使用可能な状態には戻されたが、議会としては用いられなかった。一部を機能主義的に改修し、一部を保全した姿は、新旧の調和も、現実の機能や都市との調和も欠いた姿であり、戦後のドイツ

Fig. 15 《ドイツ連邦議会議事堂》

が「調和」の基盤を、地理的にも理念的にも欠落させていることを率直に表現していた。ドイツ帝国の象徴であり、ヒトラーによる独裁の潜在的な抵抗者ではあり、すぐ横にベルリンの壁が走るそれは全面的な肯定も否定もできない、宙ぶらりんな存在だった。それが現時点での自分たちの像でもあると納得したかのように、ひとまず温存する判断を西ドイツは行ったのである。

調和への欲望が再燃するのは、一九九〇年にドイツが再統一された後だった。一九九一年に首都がベルリンに決まり、その中心である議事堂を復活させるための国際コンペが一九九二年に開催された。イギリスの建築家ノーマン・フォスターが九三年に選ばれた。当初の案は、議事堂の上に高さ約五〇mの巨大なキャノピーを鉄とガラスで構築し、議事堂から横の広場までを覆うというものだった。ベルリンの壁が取り去られたばかりのシュプレー川と議事堂のあいだに、新しい調和を生みだす意思が読みとれる。一次選考でドイツからの応募者がすべて落とされた中を勝ち抜き、スペインの建築家サンティアゴ・カラトラヴァ、オランダのピー・デ・ブラウンと共に、工費の縮小が求められた二次選考に進んだ。フォスターはここで巨大なキャノピー案を取り下げて勝利したが、かつてのドームを蘇らせるつもりはなかった［▼17］。

工事を終え、一九九九年から連邦議会の議事堂に使われている現在の建物には、ガラスのドームがかかっている。シンボルとしての形態の復活を望む声がドイツ国内で高まったことを受け、設計は変更されたのである。カラトラヴァはこれを自分のアイデアの盗用だとし、訴訟を起こすとまで非難したが、案の違いは顕著だろう。カラトラヴァの案が、下部が正方形である当初のヴァロートによるドームをガラスの構造体へと変貌させたものであるのに対し、フォスターは形としては半球形のドーム型だが、最頂部は屋外となっている。前者は閉じた美しい形だが、後者は形態に閉じないデザインといえる。

ガラスのドームは換気装置として、エネルギー効率を高めている。真ん中に吊り下げられているのは太陽の光を取り入れる装置だ。これはコンペの募集要項で自然環境への配慮が強く求められていたことに関係する。訪れた者は誰でも、中央の光の彫刻を楽しみながら、バリアフリーのスロープをめぐって議場を眼下に眺められる。すなわち、民主主義の表現である。

環境調和や包摂性は現在、重要テーマになっている。一九世紀や二〇世紀には顕在化していなかったものだ。新しい議事堂は、目には見えづらいそれらを目に見える形と調和させ、そのうえで既存の歴史的・都市的なコンテクストとの調和を図っている。見えてくるのは、キャノピー案から一貫したフォスターの姿勢である。**議事堂の形の改良にいそしむのではなく、既存の人工環境の一環として受けとめ、それらの再編によって都市に高度な調和をもたらしている。**

《ドイツ連邦議会議事堂》は政体の変化を乗り越え、国家統一の象徴でありつづけている。それは最終解決を急がず、外の目に期待した人がおり、わがままをいった人がいたからだ。調和への欲望を否定しない、あまたの声が都市に深みを増す。それはかつて存在した単一の理念による抹殺と、対照的なものといえよう。

複数の様式の調和——《ストックホルム市庁舎》

水辺に叙情的な姿を映しだす《ストックホルム市庁舎》の主要部が完成したのは一九二三年だった。先の《ヘルシンキ中央駅》と同様に、ナショナル・ロマンティシズムと関連づけられる作品だ。しかし、アイデンティティを主張するというよりは、より調和的なことが特徴である。スウェーデンの建築家であるラグナル・エストベリがコンペで設計者に選ばれたのは一九〇五年。長期間の紆余曲折が、すでに存在しているものを巻き込んでいった経緯を見ていこう。

エストベリが《ストックホルム市庁舎》に最初にかかわり、最後まで不変だったのは敷地だけだった。プロジェクトは一九〇一年、市議会議員のリヒャルト・エーネルがエストベリを訪ねたことに始まる。近代国家としての形を整えるに従い、従来のような市庁舎と裁判所が同居した建物では不都合になっていた。エーネルは、最初に裁判所を建てるにあたって、二つの候補地のどちらがふさわしいか、助言を求めに来たのである。エストベリは水際に面し、最もストックホルムらしい特徴をよく表しているという理由から、現在の市庁舎の敷地を推薦した。

一九〇一年にエストベリは最初の案を新聞に発表し、より詳細に検討された翌年の計画案は、詩情豊かな外観パースをつうじて敷地の長所を印象づけ、市がこの工場跡地を買収する決定を後押しした[▼18]。ただし、設計をエストベリがすんなりと行うことにはならなかった。一九〇二年秋に、設計者を選定する二段階コンペが公示された。エストベリは第一次コンペで六名の通過者に入り、一九〇五年に結果が発表された第二次コンペで見事、首席を獲得した。外観パースは旧市街から、水面越しの構図で描かれている。最初の案はこれと異なる姿だったが、彼はストックホルム市民の目を強く意識した。その結果、敷地に斜めから注ぐ視線を隅の塔で受けとめる構成が現れた。コンペはそれを評価した。

しかし、象徴となる高い塔が人々の心を捉えたものの、現実的なコストや機能などの難点も明らかになった。竣工した市庁舎の外壁は煉瓦であり、遠目からはまるで日中でもシルエットであるかのような一体感を放ち、近づけば手仕事に根ざした確かさが感じられる。しかし、当選案は御影石を内外装に多用していた。設計者はそれをストックホルムを象徴する素材と考えた。だが、

Fig.16 《ストックホルム市庁舎》

審査と並行して行われた見積もりの結果、ライバル案よりも大幅に割高で、コスト削減が強く求められ、御影石を断念して煉瓦に変更したのである。竣工作の煉瓦は時代に左右されない存在感の要点となっているが、これはコンペ後の変更に伴うものだった。

一九〇六年、エストベリに裁判所の設計を任せる決定がなされた。翌年に提出された実施設計案は、敷地内の建物配置や入り口位置などが以前のものとは変化し、むしろライバルのコンペ案に近づいていた。そのためあらぬ噂が立った。コストや機能に関して、当選者が、他のコンペ案を参照することは倫理に反するだろうか。たしかに、そういえるだろう。しかしながら、別案が参照できること、その事実が検証可能なこと、アイデアの核は揺らがないこと、どれもコンペが持つ公開性からもたらされたものだ。

アイデアの勝利は、その生みの親にさらなる労苦を運んできた。ようやく実施という段階になって、裁判所ではなく、市庁舎を建設することに変更されたのである。敷地は同じで、デザインも気に入っているのでそのままで良いとのことだった。エストベリの心中は、どのようなものだったのか。「裁判所のデザインをそのまま市庁舎に流用しようとした、市の代議員たちのいい加減な決定に、彼は承服できなかった」と、彼の評伝は書き記す［▼19］。建築の機能も意味合いも異なるのだから、当然だろう。

一九〇九年に市庁舎としての再設計案を提出し、ここで名作である大きな所以が初めて現れた。南側の湖に開けたアーケードである。これにより、中庭は建物で閉ざされたものでなくなった。周囲と行き来ができる、外界と呼吸する空間になった。北側の正面から入れば、連続したアーチ越しに水面が見え、街並みが望める。新築される市庁舎は、ここで行為においても心理においても、ストックホルムという都市と連続するものに変わった。西洋における市庁舎（シティホール）は、その名のとおり、時に儀式の場となる広いホールが精神的な中心となっている。設計者は、事業者側の力関係の変化に伴う建築用途の変更を真摯に受けとめた。そして、市庁舎は市民が往来し、自分たちが共同体にいることを実感させるものでなくてはいけないと考えた。その結果、中庭は新たに必要となった庁舎業務の導線処理に活用され、いわば外部空間としてのホールに変貌した。コンペ後に訪れた国外の空間体験も発想源となった。この前例のない着想は、市庁舎に改められ、設計が長期化しなければ起こらなかったろう。

それでも全体の形は裁判所だった際の設計が踏襲されている。加えて、それを代表する隅の塔による非対称性は、片側にだけアーケードのある中庭と呼応するものとなった。コンペ時からの塔が、市庁舎への再設計をつうじてより正当化されたのだ。遠望した全体像と空間体験とが整合性を増したことで、スタイルで全体を一貫させる必要性が薄れたことを設計者は感じ取っただろう。当選案では当時流行のアール・ヌーヴォーで全体を統合しようとしていたが、竣工に至るまでの多くの設計変更によって、細部はより伝統を思わせる形に変容し、意匠どうしの関係性はより自由なものとなった。

結果、いま見る《ストックホルム市庁舎》は、古典主義的な柱頭や中世風の飾り金物といった歴史的な細部も抱えている。それらは安易に統合されておらず、各々が象徴性を放っている。射程は現在だけにも、敷地内にも収まっていない。高い塔の最上部は、旧市街の大聖堂のランタンを、鋭さにおいては、ゴシック様式のリッダーホルム教会を連想させる。柱型や窓の整然としたありようは、古典主義の宮殿のそびえる誇り高き都市に似つかわしい。窓周りなどの繊細さはヴェネツィアを思わせ、塔の頂部や煉瓦模様の中の月形はさらに東方へと心を誘う。各要素は既存の都市と関係を取り結んでいる。市庁舎はさまざまな時代に到来し、ストックホルムに堆積した複数の様式を、内外観や中庭からの風景をつうじて一つに編み込んでいるのである。ナショナル・ロマンティシズムの建築と呼べるのは、バラバラさや異国性といった周辺性が優越性に転化されているからだ。

《ストックホルム市庁舎》は近代社会の象徴として、誰からも見られる敷地が選ばれ、開かれたコンペが実施された。水辺に象徴的な塔を抱くエストベリの公共建築像がコンペで賛同を得た。その全体像を守りながらコストを落とすために採用した煉瓦の外観は、建築に実直な一体感を与えることとなった。形をそのままに裁判所から市庁舎へ用途が変更され、その際に出現した中庭は、様式ではなく空間によって全体を統合する効果をもたらした。こうして獲得された率直な素材性、構成の非対称性、建物および敷地の内外空間の貫通といった性格は、モダニズムの建築につうじる。よって、市庁舎の完成はコンペの十数年後となったものの、建築は時代後れにならなかった。そして、この性格がモダニズムとは相容れない要素にも連続し、調和しているからこそ、いまも考察が促される名作なのだ。

三つの例を見てきたが、調和はこのように創造行為である。それはまだ明かされていない過去を開削することで可能となり、対象地の固有性をより深める。三つの事例すべてが、新たな都市の開発とかかわっていることにも注意したい。コンペは従来よりもひと回り大きな調和を出現させるうえで有効だろう。**安易に目に見えるものに頼り、ただ既存の意味を消尽するような偽りの調和ではなく、すでにあるものを読み替え、都市に内在していた意味を活性化させる調和を、外の目から付与する契機になるのである。**

6 公平への欲望——つくるものを公平に選びたい

ここまでの欲望は「結果」を求めていた。他方で、できるだけ公平なプロセスによって、建てるものを選びたいということもあるだろう。「過程」の重視である。現実のコンペでは二つがない交ぜになっているが、現在、コンペと公開性、透明性、民主主義、合意プロセスとの関連はますます重要になっている。過程を重視したいという思いが、われわれの中にはあるのだ。その欲求を見つめながら、みんなで損をするのではない結果に持っていきたい。ここで確かめたいのが、日本初の本格的なコンペとなった《台湾総督府庁舎》から、「議院建築問題」、《大阪市長舎》と《大阪市中央公会堂》におけるコンペ実現までの流れである。約一世紀前の物語の中に「公平への欲望」が公共性を生みだすヒントが隠されている。

外地の誇りを生みだすために——《台湾総督府庁舎》

日本ではもともと、行政施設は組織内の人間が業務として設計するのが当然とされてきたが、欧米と比較可能なコンペが突如として実現した。一九〇七年五月、《台湾総督府庁舎》の設計者をコンペで選ぶことが発表されたのである。第一次の審査で応募者の中から一〇人以内を選び、各一〇〇〇円を与え、詳細な図面を提出させた後、第二次審査で甲賞三万円（現在の三〇〇〇万円超）、乙賞一万五〇〇〇円、丙賞五〇〇〇円を選定するという内容だった。当時、国際的に最もふさわしいとされていた公開二段階コンペの形式である。賞金もその後の国内のコンペとは桁一つ違って、第二次世界大戦以前でこれ以上の額を示したコンペはない。

慣習を打ち破ったのは、台湾総督府民政長官を務めた後藤新平だった。一八五七年に仙台藩に生まれ、藩閥や学閥の後ろ盾を持たなかったが、医者として成功し、そこから内務省の衛生局に入って頭角を現した人物である。一八九五年の日清戦争の結果、台湾は日本領となったものの、現地では武装抵抗が頻発し、治安維持に要する財政負担の重さも問題だった。そんな中で後藤は一八九八年、第四代台湾総督・児玉源太郎の下で、行政部門トップの民政局長（後に長官に改称）となった。就任前から有能な技術者を送り込み、上下水道を普及させて衛生状況の改善を図っていたが、就任後はさらに鉄道や電信電話網の敷設、市街地計画などのインフラ整備などを進め、現地の事情に合わせた制度設計を行うことで、武装抵抗の鎮圧と産業の発展、人心の掌握の道筋をつけた。一八九七年に七〇〇万円近くあった日本本土からの国庫補助金は五年後にゼロとなり、財政面の自立を達成した[▼20]。

台湾総督府庁舎のコンペには一九〇七年一一月の第一次の締め切りまでに二八人が応募し、一九〇八年一月に七人が選ばれ、同年一二月の第二次の締め切りまでにより詳細な図面が提出された。一九〇九年四月に発表された最終の審査結果は、甲賞が該当なし、乙賞が日本銀行技師の長野宇

Fig. 17 《台湾総督府庁舎》

平治、丙賞が関西建築界の重鎮である片岡安《やすし》というものだった。

一位なしという結果に対して、長野は国家の信用にもかかわる重大問題だと抗議したが、当時の民政長官である大島久満次の名で返ってきたのは、再検討の余地なしという杓子定規な文面だった。長野は社会的な問題であるとして、応答を建築学会の機関誌『建築雑誌』に掲載している［▼21］。

実際の庁舎の設計は台湾総督府営繕課によって実施され、一九一二年に起工した。長野案の特徴だった中央の塔や連続アーチは活かされたが、塔の高さははるかに高くなり、装飾が増えるなど改変されて一九一九年に竣工し、現在は中華民国の総統府として使われている。

応募案のオリジナリティが守られていないことから、これまで失敗例として挙げられることの多いコンペだが、本当にそうだろうか。ヨーロッパの事例からもすでにわかるとおり、コンペは自然にできていくものではない。制度で完成するものでもない。各地域の特殊な事情の中で、誰かがスタートさせ、連なって形づくられた仕組みだ。個別の経緯を調べ、背景を考察することからしか、普遍性は見出せないだろう。後藤に始まる日本のコンペの流れを詳らかにしなくてはならない。

そもそも、なぜ後藤はコンペの実施に熱心だったのだろうか。また、彼の建築理解の水準は、どのようなものだったのだろうか。都市計画研究者の田中重光は、後藤は内務省に入った翌年、ドイツ人建築家らが立案した東京の都市計画である「官庁集中計画」に接し、さらに一八九〇年からのドイツ留学で建築や都市への理解を深めたことを明らかにしている[▼22]。後藤はオスマンのパリ改造計画と《パリ・オペラ座》、ベルリンの都市整備と《ドイツ帝国議会議事堂》といった西洋における都市計画とコンペを間近で接し、その関係に最も近しく迫れた人物の一人だったのである。

彼の都市思想は、彼が医者であったことにも深く関連している。実際、後藤は台湾を離れる直前の一九〇六年七月、今後に守るべき一〇か条を部下の官僚たちに示している。その中で、統治の方策については、「生物学の原則に基き」人文地理学に照らして考え、過去と未来を深く推し量り、十分に時代と場所とに応じ、いたずらに法律に拘束されることなく「活殺自在の断行を得んことを期し」と記している[▼23]。他律的な官僚主義に陥らず、主体的に決断するようにと最終部で釘を刺しているわけだが、その際に頼るべき原則が「生物学」なのである。後藤は「都市」

あるいは「地域」や「国家」の最も大事な要素は物質ではなく、人間だとしたが、人間が集まったそれら集合体もまた一つの生物のようなものと捉え、具体的に手を施し、健全にすることのできる対象物とみなした。

医者である以上、診察をしないで、人を健全にすることはできない。脈拍や血圧、脳波や肌の色つやといった、さまざまな角度からの調査が必要である。同様に、その都市の性質は、過去の痕跡をたどるとどのようなもので、現在いかなる状態にあり、未来がどのように考えられるか、それを十分に調査し、推量してから、何をするかを決める必要がある。対象はさまざまな要素が絡み合った有機的なものであり、状態は一つ一つ異なる。だからこそ後藤は就任中に、台湾の習俗の調査会を発足させるなどの行動をとった。

後藤は都市に対する施策というものが存在すると信じていた。重要なのは、それは一＋一が二になるような寄せ集めであってはならないと見ていたことだ。「生物学の原則」という言葉によって、彼は二つの「一つ」があると主張したといえよう。一つは認識や行為の対象となる都市であり、もう一つは認識して行為する専門家である。都市が生物なら、専門家の判断はバラバラであってはいけなく、医者のように、統合され、毅然として、相手の症状に合わせて更新されるものでなくてはならない。

ここでもう一つの文章「都市計画と自治の精神」を見てみよう［▼24］。後藤が東京市長を務めていた一九二一年の講演である。ここで強調されているのは「自治的精神」が都市の要であることだ。それは個人の自治的精神、つまり生きようとする力が集まり、単なる総和を超えて、有機的に働くものである。都市文明の自然な状態は、野山でまばらに暮らしていた時とは違っている。だから「これを自然な生活のようにして文明生活を調和させるとなれば、初めて科学的施設を用いなければならない。その科学的施設を誤らないように用いれば、自然に近づくことになる。これが都市計画のまず要領である」と彼は論じる。都市計画と自治的精神を、手を携えて前進するものとみなしているのだ。

後藤はやはり西洋の医者だったといえる。時に投薬や手術を施すことで、あたかも自然そのものである健康が、より多くの人に行き渡るようになった。彼は都市計画もそのようなものと考えた。病を治癒する行いは有史以来あった。しかし、いま立脚すべきが西洋的な処方箋であることに疑いを挟まなかった。西洋的、近代的な認識と行為をつうじて、それぞれに個性を持った生物に内在する力を健全に働かせる。そんな専門家による処置が、後藤にとっての都市計画だったのである。

したがって、《台湾総督府庁舎》は、西洋的な存在感があり、「自治的精神」を育むものでなくてはならなかった。目に見えないインフラを整備するのと同じような通常業務であってはならなかった。《台湾総督府庁舎》の建設を、一体の専門家としての自覚を官僚たちに与え、一体の台湾人としての精神を育成する好機と彼は捉えた。「生物学の原則」に照らして、後藤は二つの「一つ」に寄与するために、日本で最初のコンペを断行したと考えられる。

全国レベルで競いあって生まれた庁舎は、台湾で働く官僚から常に日本本土を気にする気分をぬぐい去り、現地に来た日本人に独立独歩の気概を与え、やがて台湾で生まれ暮らす人々全体を「台湾人」として意識させるだろう。《台湾総督府庁舎》は「自治的精神」が都市計画と手を取り合って育まれるのが重要な点である。では、その一点はどうあらねばならないか。求められているのは、現在という一点の有用性ではなく、未来に続く時間軸上の線として効果を発揮する土木構築物である。建築と呼ばれる、そんな心理的な作用も含む構築物とは何かは、時間軸の上で心理を有した生命を扱う医者のほうが、もしかしたら工学の専門家よりも理解しやすいのかもしれない。

加えて、コンペという西洋諸国の公的な形式を実行に移すことによって、西洋的な植民地経営の方式とその成功を内外にいっそうアピールする意識も働いていたかもしれない。あるいは庁舎の姿で台湾のアイデンティティを生みだすことも、見据えていたのかもしれない。ただし、現実には後藤の仕事はコンペ形式の実現で終わったため、これらは想像の域を出ない。それでも、こうしたテーマが世界と同期しているのは事実である。《台湾総督府庁舎》にコンペを導入したことが、その後の日本の建築界に波及していく。

開かれた議論の場としての「議院建築問題」

《台湾総督府庁舎》の審査員は豪華だった。建築学会の会長を務める東京帝国大学名誉教授・辰野金吾を筆頭に、東京帝国大学建築学科の全教授、すなわち中村達太郎、塚本靖、伊東忠太が加わり、官庁営繕の最大の実力者である大蔵省臨時建築部技師・妻木頼黄《よりなか》も名を連ねていた。コンペの実行者としての後藤の実力と熱意がうかがえる。だが、コンペの最中から、辰野以下四人と妻木とは、別の場で激しく対立し始める。それが、日本近代建築史上の重要事項である、いわゆる「議院建築問題」である。本書ではこれを日本のコンペ勃興期の一連のプロセスとして語り直してみよう。

一八九〇年の国会開設以来、議事堂は洋風ではあるが木造で、「仮」議事堂と呼ばれていた。本建築への動きとしては一八九七年に「議院建築計画調査委員会」が発足して建設が決定され、一八九九年には「議院建築調査会」が設置され、辰野や妻木を含むメンバーが、外国人五名が審査するコンペの実施を決議した。しかし、結局は予算化が認められずに廃止となった。それが一九〇八年度ににわかに予算が計上され、動きだしたのである。コンペに否定的だった妻木は、行政組織内で設計を担える人材を集め、着々と設計を進めていた。実際、一九一〇年頭に議事堂の設計図はほぼできあがっていたとされる[▼25]。

一九〇八年二月、《台湾総督府庁舎》コンペの最中に、辰野、塚本、伊東の連名による「議院建築の方法に就て」という投書が新聞各紙を飾った。それは議院建築、すなわち国会議事堂の設計にあたってはコンペを行うべきと主張するものだった。次年度予算に調査費を計上した大蔵省の動きを計画の本格的な再始動と見た辰野らが、危機感を抱き、世論に訴えたのだった。

一九一〇年三月に建築学会は、二年前と同様の意見書を決議し、各大臣や新聞・雑誌などに送付した。彼らは「議院建築問題」と名付けて問題化し、「議院建築準備委員会」が開始される直前の五月と七月に「我国将来の建築様式を如何にすべきや」と題した討論会を開催した。主張は、①公開コンペの実施、②応募者を日本人にかぎること、③様式を束縛しないこと、の三点だった。

政府は「議院建築準備委員会」を発足させるとして委員二七名・臨時委員五名を任命する。委員には妻木、辰野、中村、片山東熊が入り、臨時委員に塚本、伊東が含まれたが、残りは建築の専門家でなく、ここでの論題は、議事堂の階数や様式、構造や屋根を何で葺くかといった事柄を審議するということだった。つまるところ、組織の担当者に裁量権を一任する儀式であった。案の定、七月に始まった委員会は、そもそも議題にコンペの話が含まれておらず、痺れを切らした辰野らは一〇月の第五回委員会で、コンペに付すべしという動議を提出したものの、一五対六で否決されてコンペ形式の不採用を決定づけてしまう。

当時の新聞は「学者の世間見ず」と揶揄している[▼26]。たしかに、妻木の術中に陥ったともいえる辰野らの対応だった。しかし、一般の新聞や雑誌にコンペ、当時の表現では「懸賞設計」や「建築競技」などの文字が躍り、自分はこんな議事堂がふさわしいと思うといった意見が現れるという副産物も生まれた。こうした事態は、辰野を筆頭とした建築学会のキャンペーンなしには、ありえなかった。拙いなりに、学者も世間を動かしたのである。

議院建築問題は、その後、美術評論家・黒田鵬心をはじめとした建築専門家以外の文化人も巻き込む議論に展開した。辰野と妻木の主導権争いというゴシップ的側面もあっただろうが、それにとどまらないタテマエ化に努めたことが大きい。建築学会は一二月にコンペをテーマにした臨時講演会を主催した。その内容は一丸となって拳を上げるようなキャンペーンでもなく、専門家が何をいっても駄目なのだという諦めが支配しているでもない。いま読んでもなるほどと思わせる建設性を備えている[▼27]。

四〇〇名以上の人が集まった講演会は、初めに東京美術学校校長の正木直彦、貴族院議員の澤柳政太郎と、建築界以外の社会的な権威に意見を開陳させ、ついで従来は建築学会にほとんどかかわりを持たなかったジョサイア・コンドルを引っ張りだした。その通訳を、私見を交えて務めたのは、当時二五歳の建築家である気鋭の高松政雄だった。さらに、伊東忠太や長野宇平治などの論客も加わった。重鎮から最若手までが一堂に会し、社会と交流する議論の平面がつくられ、建築界としての一体感が創出されたのだ。

コンドルはコンペにおける第一の目的は「フェアプレー」だとし、高松はコンペに「相当した最も適当な簡単な訳語が日本語にないのを残念に思います」と付け加えた。同じルールの下で公正に、精一杯戦ってこそ、専門家として鍛えられ、喝采を浴びる、イギリス人らしい表現である。今回の議事堂のような建築上の問題に関して建築学会は日本で最高の権威でなくてはならず、それは「国家に依って教養された所の建築家は正に日本国民の代表である」からだという論理で、諸外国には自己選択で学校や実務を行き来して学んだ建築家がおり、彼らでさえも国家的な建築の問題に発言権を持っているのだからと、コンペ開催論を補強した。コンドルは、外部からの目線で、御雇い外国人として育てた辰野金吾らが、すなわち国家に養成された者が建築界の中心にいるという日本固有の状況から、主張すべき理屈を教え子たちに追加したといえる。

続く伊東忠太は、建築はその社会的性格から、個人建築、公共建築、国民建築の三つに分けられるが、それぞれ設計者は、私選、公選、国選となるのが道理であり、議事堂は国民建築なので、国民が選ぶ公開コンペでなくてはならないと論じた。結果がどうなるかわからないからコンペを開催すべきとも主張している。現在の世界は様式が定まらない混沌時代であり、異なる文明を移入した日本は特に混沌としている。議事堂は「自ら進んでこの濁りを澄ませる」手段となりうる。そのためには、広く国民から意匠を募り「今日の国民的精神趣味を現しているいない」を基準として選抜しなくてはならない、と主張したのである。こうした考え方が「様式を束縛しないこと」という建築学会からの意見書にも反映され、社会に一定度共有されたのだった。問題化するとは、意見が競えるテーブルをいくつもつくるということであり、一つの面だけに執着するのでも、ましてや声の大きさや美しさで圧倒するのでもない。ホンネ＝私の表出ではなく、タテマエをもって戦う民主主義的なものであり、そこに必要な建築の理屈化に伊東も貢献したのだ。

最後に壇上に登ったのは、台湾総督府のコンペで選ばれた長野宇平治だった。初めに議論の前提を次の二点に整理している。一つは、議事堂は「国に属するもの」であり「政府の私すべきものではない」こと、もう一つは「国民がこれに参加する権利がある」ということだ。ここで「国」と「政府」とが使い分けられているのに注目したい。長野は「政府」ではなく「国」という考え方があってこそ、「国民」や「国家」という概念が成り立ち、それを向上させられると述べている。この日の講演会に通底した思想を明瞭に示している。加えて、建設の目的と手段が一致すべきだという明快な理屈にもなっている。

というのも、長野の言葉は、国会開設を求めた一八七〇~八〇年代の民権派が、国家と政府を区別して捉え、国家のために政府を批判する姿勢を持っていた事実を思い起こさせるものだからだ。いわゆる「自由民権運動」である。議事堂は、そんな運動が切り開いた国民参加の権利である国会を容れるものである。その建築を内部で決めるというのでは、お上が社会を律してきた江戸時代と同じで、これまでの明治の進歩に反しているのではないか。長野の理屈はこのように翻訳できる。さらに言い換えると、私たちが欲している「結果」と私たちが欲すべき「過程」は無縁ではないというのである。これは先ほどの伊東とはまた別の、説得力を有している。

この日の講演会には、国との対立に終わらない明るさがあった。それは登壇者が自分たちも国家を担っていると自然に思えるエリートだからではない。コンペというものを、公的な理屈で未来を築こうという新政府の始まりである「五箇条の御誓文」の正統な後継者を自認した自由民権運動の流れの中に、位置づけているからである。

自由民権運動の研究者である牧原憲夫は「民権家の献身的な活動を支えていたのは、国会開設こそが「輿論」であり歴史の流れである、という確信だった」という[▼28]。これが「議院建築問題」の活発さも説明づけるだろう。たとえば、長野は、西洋ではコンペが一般的である例としてイギリス議会議事堂を挙げ、それが七五年前の開催であることを指摘したうえで、日本は現在のイギリスと肩を並べることができないかもしれないが、「しかし七五年前の英国にかなわないといったならば、日本人の誇る所の大和魂と言うものに響きはしますまいか」とけしかけている。自らが正しいと考える言動を表しておくことが、現時点での勝敗に終わるのではなく、次の機会をより良いものにするのだという信頼がある。

これらを「西洋主義」や「進歩主義」と要約すると、型にはまったつまらないものと誤解してしまうが、実際には余裕のある姿勢と多様な論理、説得力を競う楽しいレトリックを生みだしている。もしコンペをめぐる現在の議論が一一〇年前の自国にかなわないとしたら、われわれのプライドに響きはしますまいか。

こうした話の展開を、後藤新平が目の当たりにしていた。当時は逓信大臣であり、来賓として招かれていたのだった。台湾総督府でコンペが実施されたからこそ、これほど充実した議論の展開になったといえる。台湾総督府のコンペは、理想を掲げ、諸外国と同じく、理屈が創出される言説の地平を開いた、議論の創造者でもあった。

市民の一体感を醸成するために――《大阪市庁舎》(三代目)

翌一九一一年八月に第二次桂内閣が退陣し、新たに発足した第二次西園寺内閣が新規事業を認めない緊縮財政を打ちだしたため、議事堂の建設は無期延期となった。しかし、台湾で火がついたコンペの炎は消えなかった。高い塔を持つ庁舎形式と共に、受け継がれた場所は大阪だった。

現在、大阪・中之島に建っている大阪市庁舎は、これまで四度にわたって建て替えられてきたが、その先代の建物をめぐって、日本本土で初の本格的なコンペが実施された。一九一二年三月に公募され、同年八月の締め切りまでに寄せられた六五案の中から翌月、台湾総督府の技手の小川陽吉が一等となった[▼29]。これを基本に片岡安と大阪市庁臨時建築課が設計した庁舎が一九二一年に竣工した[▼30]。

しかし、なぜ大阪でコンペが開催されたのか。鍵を握るのが、当時の市長である植村俊平だ。一八六三年に山口県に生まれ、帝国大学法学部を首席で卒業、住友本店支配役、鉄道庁理事などを経て、一九一〇年八月に第四代大阪市長に就任した。大阪市は一八九八年の市制特例の廃止により府から独立して発足したばかりで、当時はまだ府と異なる独自の一体感にも、市民との連帯感にも乏しかった。そんな状況で市長に就任した植村は、後藤が台湾総督府でそうしたように、自治体としてのまとまりに貢献する市庁舎の建設を促進し、それを後戻りさせない手段としてコンペを導入した。

Fig. 18 《大阪市庁舎》(3代目)

植村が市長に就任した時点では、新市庁舎の建設はまだ不安定だった。大阪市が発足した翌年、江之子島に仮庁舎(一代目)が突貫工事で建てられたが、これが狭隘となり、傷みも目立っていたことから、一九〇七年から新庁舎の議論が始まった[▼31]。しかし、位置をどこにするか、建てるのは本庁舎か仮庁舎かなど、東西南北それぞれの出身議員の思惑が絡んで、容易には定まらない。ようやく一九一〇年に中之島の現在地への新築案に一本化されたが、正式決定は先送りされていた。新市長の行動いかんでは、議論百出の状態に後戻りするおそれもあったのだ。

そんな中で市長に就任した植村は、新たな仮庁舎と、その後の本庁舎の議論を並行して進めることで、市庁舎の建設を事実に変えていった。一九一一年二月に中之島への新庁舎建設が決定されると、矢継ぎ早に仮庁舎建設の議案を市議会に提出する。八月に可決され、翌年には以前より格段に立派な堂島の仮庁舎（二代目）が完成した。同年一〇月に本庁舎の設計でコンペを行うとの議案を市議会に提出する。中之島での新築を動かしがたいものとするためだろう。コンペの必要性を議会から問われた植村は台湾総督府の例に言及しており、コンペというアイデアが台湾から大阪に伝播したのがわかる。提案は賛成多数で可決、五か月後に公募を開始するというスピードで進められた。

五名の審査員には市長と市議会議長も加わったが、実質的な審査は東京にいる建築家三名で進められた。顔ぶれは、東京帝国大学教授の塚本靖、東京美術学校教授の大澤三之助、日本銀行技師の長野宇平治というものだった。全国から案を募集し、国内最高峰の学識経験者と台湾総督府コンペの最優秀者に質を評価してもらおうというわけだ。ここからうかがえるのは、コンペの導入で、地元のしがらみや組織内の通常業務から距離をとろうとする意志である。

では、地元と無関係かというと、そうでもない。審査後に提出図面を陳列することが募集要項に明記されており、一〇月四日から六日にかけての週末三日間、公会堂で六五の全応募案が一般に公開された。入賞案が『建築雑誌』に掲載されるなど、市庁舎の姿は広く報じられている［▼32］。一等に輝いた小川陽吉の案は、台湾総督府の実施案を彷彿とさせる、中央に高い塔を持つものだった。立地や延床面積が書かれた書類ならいざ知らず、このように美しいパースとして目に見えてしまったものを一瞬で消すのは難しいだろう。入賞案の発表時、植村はすでに市長の職を辞していた。しかし、在任中のコンペの実施で高めた市庁舎建設の思いは市民の中に広がり、もはや議会や官僚組織の中の問題ではなくなった。実際の建設は市財政の好転を待って実施するとしながらも新庁舎のコンペを急いだのは、こうした展開も予期していたのかもしれない。

案が実際に建設に向かったのは五年後のことだった、次々代の大阪市長が市財政の好転が見られるとして予算を計上し、実施設計に着手した。辰野金吾を工事顧問に迎え、大阪建築界の重鎮・片岡安の指揮の下で、大阪市の技師が設計を行った。塔の変化は、《台湾総督府》とは逆で、そびえたつ当選時の姿から低くなった。それでもこの中央の塔が大阪市庁舎のシンボルと考えられた。「大大阪の雄大と整美したる自治を表徴する」と当時の新聞は報じ[▼33]、東京市長に転じた後藤新平が「都市計画と自治の精神」の中で、「どうしても東京より進歩している」と称賛した。「大阪の自治的発達」を象徴するような建築が姿を現した。

しかし、先に触れたように、計画が始まった一九一二年時点における大阪市は、それほど堅牢な一体感を持っていなかった。だからこそ、当時の大阪市長は、コンペという形式を採用して、市庁舎の建設を確かなものにしようとしたのである。公募時から建設プロジェクトの存在が告知され、完成した姿が誰の目にも先取りされるというコンペの性格は、専門家を超えて市庁舎の建設を市民に訴えかけ、プロジェクトに時流に左右されづらい強靭さを与えて、竣工の日を迎えることができた。高い塔を有した形態は「自治的精神」を視覚化するのに、適切なアイデアだった。地元にかぎらずに当時最高の審査員を揃え、彼らに実質的な審査を委ねたことで、目的にふさわしい最新の案が選ばれたといえる。

公平性が公共性を担保する――《大阪市中央公会堂》

同じ公募期間にもう一つのコンペが、すぐ近くの敷地で行われていた。いまや水都・大阪の象徴となっている《大阪市中央公会堂》のコンペである。

計画は大阪生まれの実業家・岩本栄之助が一九一一年四月、大阪市に対して公会堂の建設資金の寄付を申し出たことから始まった。八月に先の植村を理事長とする財団法人が設立され、辰野金吾を建築顧問に迎えた。設計者を誰にするか、辰野の提案で互選方式のコンペが行われた。一七名を辰野が指名し、案を提出した一三名が自分以外の案に一から一二までの点を付け、それを総計して順位を決める珍しい方式である。一九一二年一一月、岡田信一郎の案が一等に決まった。これをもとに辰野金吾と片岡安が実施設計を手がけて一九一三年に着工、一九一八年に竣工する。

岡田は提案者の中で最年少、当時二九歳だった。栄冠を手にしたことで注目を集め、後に《歌舞伎座》や《明治生命館》など多数の名作が世に出ることになった。《大阪市中央公会堂》は現在、国の重要文化財である。立派でありながら、多様な催しに貸し出される安価な市民施設として親しまれている。一三の案を見ると、岡田の案が、立地を意識した様式としても、公会堂というビルディングタイプとしても的確であるのがわかる[▼34]。伸びやかなアーチで正面からの視線を受けとめ、大小の部屋を無駄なく収めながら、全方位的に眺められるに値する一体感をつくりだしている。

長期間の象徴性と機能性に耐えうる案が一等になったのは、多数の一流の建築家たちの総合点による評価だったからだろう。突飛な案は選ばれにくいともいえるが、一時期の流行や自己表現を超えた骨太な構成が正解だったことを歴史が証明している。そんなアイデアが、実務経験の多寡と無関係に実現するのが、コンペの醍醐味といえよう。

この成功を単独で語りえないことにお気づきだろう。まず、大阪市が巨額の寄付に対して迅速にコンペという手法を選べたのは、同時期に《大阪市庁舎》の案件があったためである。植村市長が政治的な装置としてコンペを理解し、具体的な選定は外部の専門家に委ねる人物だったことが功を奏した。ちなみに、市庁舎と公会堂のコンペの賞金額は等しく、一等三〇〇〇円、二等一五〇〇円、三等一〇〇〇円だった。これも両者の連動を示している。

Fig. 19 《大阪市中央公会堂》

建築顧問を引き受けた辰野にとっては、《国会議事堂》のコンペ動議が否決された前年の記憶が新しかったことだろう。その際に大蔵省の次官が反対理由の一つに挙げたのは、コンペにすると第一流の建築家に審査を依頼するので応募者が二流以下となるというものだった。互選方式はその返答とみなせる。指名した一七名は、これだけの建築家が日本にいるのだというアピールになる。その中には妻木の下で《国会議事堂》の設計を行っていた矢橋賢吉や武田五一も含まれていた。

ただ、引っかかる点がある。岡田に実施設計が託されず、辰野がデザインに手を加えて完成されたことだ。《大阪市庁舎》でも、《台湾総督府》でもコンペの優勝者は、以後の設計や施工にかかわっていない。これは現在からすれば奇異に思える。

しかし、独立した建築設計事務所がほとんど成立していない当時、個人に委ねるのは現実的ではなかっただろう。また、設計者の実務能力を問わないことは、案のみを純粋に評価できるということでもある。《大阪市庁舎》にしても、《台湾総督府》にしても、コンペ案で提出された基本的な考え方は実施案まで受け継がれ、その建築の最大の特徴となっている。実績に関係なく、とるべき方向性を求め、社会との仲立ちになれる大家がそれが無に帰さないよう、実施へと運ぶ。これまでは未熟とされがちだった初期のコンペのありようにも、このように評価すべき点がある。

コンペの形は、時代とともに変わる。重要なのは、その変わらない中心を探ることだろう。

トップが得意とするのは、広い知見と長期的な視座に立って目標を定め、タイミングを逃さない決断によって、通常業務の中からは生まれない価値を植えつけることといえる。国内でコンペが開始されたのは、こうしたトップとしての後藤新平や植村俊平の思惑からであり、建築界からではなかった。こうして日本初の実施コンペとして台湾総督府の設計が公募された一九〇七年から五年間ほどの状況を眺めると、さまざまな登場人物に共通する考え方が流れていることがわかる。外地から始まった日本のコンペは、情緒的なものをも含めて、一体感を生みだす意匠が求められた。コンドルが述べたフェアプレーで個性を競い、大いに議論することが未来の進歩につながることを示してきた。西洋とも相応して、近代国家と対応し、一回一回のコンペで模索している。こうした導入されたコンペという装置を、状況に応じて適用していった歴史を、私たちも備えている。

7 破壊への欲望――いままでにないものをつくりたい

コンペがワクワクさせる、祭りのように思えるのは、ここまでに述べてきたような理屈を超えて、とにかく新しい何かを目にしたいからではないだろうか。既存の建築のありよう、あるいはいまの業界のありようなどを、とにかく打ち壊したい、そんな理性を超えた何か、その後の計画があるわけでもない、単なる破壊衝動。シヴァ神が破壊かつ創造の神であるように、**コンペとは死と再生の儀式であり、祭りによる共同体の活性化でもあるのではないか。**

大きすぎる帆を立てて――《シドニー・オペラハウス》

そんな破壊への欲望に、ふさわしい例が、《シドニー・オペラハウス》である。オーストラリアと聞いて、まっさきに思い浮かぶイメージが、ヨットの帆に似たこの白い建物であるという人は、少なくないであろう。一九七三年に完成して以降、都市、さらには国のシンボルとなり、いまや世界文化遺産にも登録されて、多くの観光客を集めている。独特なフォルムの作者は、デンマーク人のヨーン・ウツソン。一九五七年一月、二三三案の中から首席としてその名が発表されたときには、まだ実作のほとんどない三八歳の建築家だった。

スター誕生の瞬間であったが、同時に、波乱のドラマの幕開けでもあった。構造的な難題、工期の延長とコストの増大、経験の少ない繊細な建築家が起こす軋轢、クライアントである州政府の政治的な対立と、次から次へと問題が上塗りされた。一九五九年に着工した建物は、当初四年で完成の予定だったが、結局一四年かかり、その途中で建築家は辞任に追い込まれ、総工費は当初予算の一〇倍を上まわった。この時点で判断すれば、このコンペは明らかに成功とはいいがたい。いやむしろ、失敗といってもいいかもしれない。しかし、後世を生きる私たちは、この白い帆に似た建築が風を受けとめ、シドニーという都市、オーストラリアという国を飛躍的に前進させ、世界的に高めたことを知っている。この物語から、コンペに潜む破壊的な欲望について考えていきたい。

Fig. 20 《シドニー・オペラハウス》

《シドニー・オペラハウス》のコンペ募集規定が主に求めていたのは、オーケストラ演奏、大規模オペラ、バレエを目的とする三〇〇〇～三五〇〇人の大ホールと、舞台公演、小規模オペラ、室内楽が目的の一二〇〇人の小ホールであり、それに付随してレストランや厚生施設などがあった［▼35］。

ウッソンのコンペ案は、敷地のほとんどの面積に基壇部を設けて、手前からしだいに高くなる内部に管理・補助・サービス部門を収め、上にホールの座席を配した。そして、大ホールと小ホールに四枚ずつの異なる形のシェル屋根をかけた。審査委員会によれば、「この計画のために提出された図面は、ダイアグラム的で簡易なものである」。さらに「たくさんの修正がなされなければならないこと」も認識していた。しかしながら同時に、「想像力をかきたてるアイデア」であり、最終的に「世界で偉大な建物の一つとなる可能性を持ったオペラハウスの案である」と結論づけた［▼36］。

ウッソンの美しい屋根は、構造エンジニアに相談することなく、フリーハンドで描いたものだった[▼37]。当時、新たな建築空間を実現しつつあったシェル構造の可能性に期待したのだ。だが、その形状は薄い鉄筋コンクリートでは、力学的に実現不可能だった。そこで、デンマーク人の父を持ち、コペンハーゲンで学んだ世界的な構造家のオヴ・アラップが、コンペ審査員の勧めで構造エンジニアに就任し、協働して解決が目指された。両事務所のやりとりをつうじて一九五八年三月にできあがったのは、パラボロイド（放物線を回転させた放物面）を組み合わせた、コンペ案以上に優美な姿だった。設計案は広く発表されて、世界的な注目を揺るぎないものにした[▼38]。

一九五九年三月に早くも起工式が行われ、三期にわたる建設プロセスも決まった。基壇部の基礎と軀体を建設する第一期、シェル屋根の軀体と外装をつくる第二期、室内外の仕上げや設備工事などを実施する第三期に、プロセスが分けられた[▼39]。だが、着工は州議会選挙の日程などの政治的な事情で急がれたものであり、依然として、シェル屋根を力学的にどう成立させ、施工するかは解決していなかった。また、客席数や音響の詳細についてもクライアント側と合意していなかった[▼40]。しかし、期待は高まる一方であった。

当初、ウッソンは、生まれ故郷に近い人口五〇〇〇人ほどの小さな町ヘルベックに事務所を構えていた。アラップはしばしば事務所を訪ね、ウッソンと母国語で親密なコミュニケーションをとった。ウッソンは繊細で完璧主義のきらいがあり、事務所のスタッフも一〇名前後と少数であるため、設計の進行は早いとはいえず、提案面でアラップの会社に頼る部分も大きかった。それでも、家族的な雰囲気があったからこそ、彼は構造的な思考の大事さをアラップ側から学習し、変更すべき点は大胆に変更した。ウッソンが主導して、アイデアは現実のものとなっていったのである。

一九六一年夏のある日、構造的に一体のシェルであることへのこだわりを捨て、シェル屋根のプラスチック模型を入れ子にして重ね始めたウッソンは、それらの曲率がさほど変わらないことに突如として気づいた。四枚のシェル屋根を同じ大きさの球の表面の異なる部分から切りだす「球面ジオメトリー」の発明である。曲率の変化でシェル屋根はやや温和な姿になり、これがコンペ案から実現作の外観への最大の転換点となった。これを受けてアラップ側が屋根構造や外装材の構法も考案し、一九六二年一〇月に第二期工事の施工業者が決定して、彼らは画期的な施工法を開発した。第三期工事に向けた設計についても、劇場や音響の専門家のアドバイスを受けながら、オペラとコンサートを両立できる舞台機構やインテリアの設計が進められていた[▼41]。

荒波から荒波へ

しかしながら、一九六三年にウッソンがシドニーに設計事務所を移したところから、雲行きが怪しくなる。専門家たちが高い理想を共有して、困難を克服しつつあった状況は、クライアント側の二つの権力闘争によって崩された。

一つは有力なメンバーであるオーストラリア放送機構が、大ホールの独占使用を狙ったことだった。一九六三年九月という第二期の工事が始まっていた時点にもなって、大ホールの座席配置を強く批判し始めた。短い時間しか与えられなかったために、ウッソンは十分に整合性がとれていない変更案を出す羽目になり、これが彼に対する攻撃材料を増やした。

もう一つは一九六五年五月に起こった、シドニーが属するニューサウスウェールズ州の政権交代だ。二四年ぶりに勝利した保守系の連立政権は、労働党の提案で始まったオペラハウス建設の主導権を握るために批判キャンペーンを展開した[▼42]。第二期工事での基礎の一部のやり直しや、理想主義的でナイーブなウッソンの言葉も引き合いに出された。公共事業大臣のデイヴィス・ヒューズは設計料の支払い制限などでウッソンへの圧力を強め、一九六六年二月二八日、ウッソンは辞任した。彼はその後、二度とオーストラリアの土を踏まなかった[▼43]。

ウッソンに代わる設計者チームによって完成されたオペラハウスは、外観は維持されたものの、内部は一貫性のないものに終わった。たとえば、大ホールの最大のシェル屋根は、収容されるはずだったオペラ用の高いステージタワーを失い、いまでは単に象徴的な外形としか捉えられていない。シドニーへの事務所の移転や慣れない英語でのコミュニケーションが、歯車を狂わせたのではないかと、ウッソンの事務所で一九五八年から六一年までオペラハウスに携わった建築家の三上祐三は指摘する[▼44]。

しかし、ここまでは建築家サイドの見解である。オヴ・アラップの評伝に記されている経緯は異なる。著者のピーター・ジョーンズは「ウッソンのコストに対する無頓着な態度が、終わりのない軋轢を起こすことになった」と指摘する。ウッソンは直感的な人間で、美しい形をつくることしか興味がなかった。オーストラリアのことも何も知らないし、他者への関心を欠いた独善的な人物だったという。多くのコンペに入賞しながら、そのほとんどが建設されていない事実は、人を魅了する形態を創造する彼の才能と、実務能力の欠如の証明にほかならない。時間や資金が浪費され、協力者たちの多大な労力が無に帰した。アラップはウッソンの才能に惹きつけられ、彼がクライアントのことを考えず、協働者にも心を閉ざして自滅するのを看過できなかったので、最後まで手を差し伸べた。コンペ案を実現させるため、ウッソン辞任後も献身的に貢献した。しかし、ウッソンはそのアラップとも絶交し、最後まで非難の言葉を投げつづけた。ウッソンはそんな建築家であるとして異を唱える[▼45]。

著者はこのように述べて、「球面ジオメトリー」の発明に関しても、ウッソンによるものかアラップ側によるものかは決定できないとし、「近代においては、アーキテクトは個々の信用を求め、オリジナリティを主張する傾向にあった。……アーキテクトが設計の決定を行なわず、構造エンジニアが行なった場合でさえ、前者が決定し、後者は行なわないことを意味した」と記して、建築家の天才にすべてを帰着させる社会の力学の働きであることを示唆している[▼46]。建築家とは、こうした力学を熟知しながら使いこなせる人物であり、それ以外の協働者やクライアントは非難を受ける側として、沈黙を余儀なくされるのだろうか。

さて、ここまで悲観的な調子で書いてきたのだが、はたして《シドニー・オペラハウス》は失敗したコンペだろうか。最初に審査員が評した「想像力をかきたてるアイデア」の実現のために、アラップ社と第二期工事の施工業者は、通常のパイプ足場をほとんど必要としない施工法を編みだした。新聞や雑誌の報道で慣れ親しまれたシェルの形は、周囲から眼差されながら立ち上がっていった。その姿は完成前からすでに話題であり、ウッソンという個人の中に閉じた存在ではなかった。

また、選定から竣工までに長い時間を要したが、そのあいだの技術の進展が一九五七年の選定時のスケッチを実現させたことも確かである。この一六年間は、第二次世界大戦後の理想に輝いていたモダニズムが疑問視され、挑戦を受ける側に変化した激動の期間だったから、一九七三年の竣工時に時代後れの作品とみなされなかったのは驚くべきことといえよう。施設としても高い稼働率を誇り、いまでは年に約一八〇〇回の公演にのべ一四五万人が参加するという盛況ぶりだが、オペラハウスが年間に迎える人数はその数倍の約八二〇万人にのぼり、国民経済に年あたり約五七〇〇億円をもたらしている[▼47]。優秀な施設であり、建築としてオーストラリアという国のイメージを描き変えた。

作者に抜擢され、自分から去らざるをえなかったウッソンの物語が、人々をさらに誘惑する。

このドラマはウッソンが自作をこの世に残す道をむしろ閉ざし、その後の作品は多くない。オーストラリア政府およびニューサウスウェールズ州の姿勢は非難に晒され、オヴ・アラップも金銭的、名声的に傷ついた。しかし、ウッソンの名を不朽のものとし、オーストラリアに初めての観光資源となる建築をもたらし、多くの現代建築を生みだすアラップ社を成長させたことは事実である。このように建築的な価値と、社会的な価値の双方をもたらした出来事がコンペという形をとらずに起こっただろうか。

《シドニー・オペラハウス》は予定どおりに「成功」はしなかった。しかし、成功であったことは疑いない。何がそれを可能にしたのか。そこには過去のコンペと共通した条件があるのではないか。

8　みんなの欲望をカタチにする装置としてのコンペ

〈案〉がつらぬく時間軸

ここまで、七つの欲望をつうじて、コンペの歴史を眺めてきた。コンペで選定されたものが、紆余曲折を経ながらも実現するのは、なぜだろうか。そこには、**選定された案から完成した建築**

までに〝連続〟した何かが存在するからである。すると、続く問いは二つ、「何が連続しているのか？」と「なぜ連続するのか？」だ。

連続しているのは「アイデア」である。《シドニー・オペラハウス》の審査評に「コンセプト」ないし「想像力をかきたてるアイデアの総合的な幅」と書かれたものであり、《ブラジリア》の新都市コンペでルシオ・コスタが提出した「占有の印」としての基本計画である。ただし、抽象的な全体スケッチのようなものとはかぎらない。《イギリス議会議事堂》の統一性と多様性を兼ね備えた公共的なゴシック様式、《ストックホルム市庁舎》における旧市街地の視線を受ける隅の塔、《台湾総督府》や大阪市庁舎に見られる自治の塔、といった基本的な設定も含まれる。審査ではそれが競われ、政治的な変転を乗り越え、変化したり成長したりする設計プロセスの中で連続している。建築物の姿が大きく変わっていても、理念を示した形が完全にないがしろにされる例は少ない。求められるものがコンペ後に変化したり、時に設計案が交代したりしたにもかかわらずである。

これは、「なぜ連続するのか？」と深くかかわる。コンペは、専門領域を越えて、未来にできあがる建築物の姿を公開するものである。ぼんやりした完成イメージを唐突に出すのとは、人々の巻き込まれ具合がまるで違う。

一つの理由は、**コンペが一連のプロセスとしてあるからだろう**。公募の時点から、社会との関係は始まる。審査のスケジュールが示され、やがて選定された案が公表される。もちろん、一案だけでなく、複数の案がある。未来にできあがる建築物の姿と、ありえたかもしれない姿である。何が違うのか、何が良いか、想いを馳せることだってできる。選定された案が相対化されることも大きい。特徴が理解でき、それがいかに実現するのかに、注目が促される。また、案は応募した人の名前と共にある。審査員の名も公表されている。匿名の決定事項のようなものではないから、自分の頭で考えやすくなる。コンペは時間的にも背景にしても、本来的に突然の出来事では終わらない。**建設の以前から社会に見つめられながら進行するプロセスであることが、内容の連続性を生む。**

加えてもう一つの理由は、**コンペはプロセスであると同時に、点としての性格も持っているからである。**竣工という時間軸の一点における姿が先取りされ、公表されている。コンペの結果として公開される内容は、通常は選定を行えるだけの情報量が必要であることから、雰囲気に流されたイメージ以上に、詳細である。人々の目に焼きついたその像は、後の事業者も設計者も取り消しにくくなる。文字や数式で書かれているだけであれば、このような効果は有さないだろう。建設だけが決まっていて、詳細は今後のプロセスによるとされていたら、人々が判断のよりどころを得るのは困難に違いない。**コンペには未来の一点を、視認性高く描写するという性質がある。**これも連続性に寄与するだろう。

このようにコンペには、**案を社会と共有することで、建設を後戻りさせにくくする効果がある。**

これは政治家などのトップがコンペを実施し、結果を公開する理由であろう。ブラジリアのクビチェック大統領しかり、台湾総督府の後藤新平しかり、大阪市庁舎の植村俊平市長しかり、われわれはすでにそうした事例を見てきた。コンペは建設の意志を社会に浸透させ、長期にわたる実現可能性を高める手段となりえるのだ。ただし、これには負の側面もある。コンペの実施によって、どの案が良いかに論点が移り、そもそもそうした規模の建設が必要かといった議論がかき消されがちになる点だ。これら正負の効果を考慮しさえすれば、コンペは短期的な政情に左右されず、公共的な合議を取りつける有効な装置になると考えられる。

コンペの結果、未来にできあがる建築物の姿が社会に公開され、共有される。設計がその後、詰められていく中で機能が変更されたり、計画が改良されたりといったことは十分に起こりうる。機能は公募の時点の概略であり、計画は締め切りまでに発想できたに過ぎないものだからである。建築物の設計、建設、使用、どれも流動的なプロセスといえる。案はそれを一点でピン留めにしている。二つを結ぶために、さまざまな人が選定後に登場し、着想が寄せられ、アイデアは研ぎ澄まされていく。

案こそが社会を巻き込む明朗性を持つ。協働を生む。アイデアを容れる容器となる。かかわる人の連続性を一定度保証するものとなる。コンペとは点であり、プロセスである。それを未来から駆動するのは「案」である。

欲望という名のコンペ

ところで、コンペを語るのに、なぜ「**欲望**」という言葉を用いているのだろうか。それは理性を超えたものだからである。欲望とは、現時点で説明しきれないものの、「しきれない」と諦めきれないものだ。よって、実現は未来に託されることになる。どこから来て、どこに向かうのかが現時点では不明瞭な衝動である。

コンペが行われるのは、まだ理性的に説明しきれていない欲望を達成したいからではないだろうか。

「便益」にしても、「美麗」にしても、「継承」にしても、「似姿」にしても、「調和」にしても、「公平」にしても、「破壊」にしても、それらはルーティンワークになっていないものであるから、さまざまな案が発生する。評価をめぐって、議論が起こる。それらの言葉は、単体の案の良し悪しを超えて、皆が共有する欲望の説明可能性も高めるだろう。コンペの原点は単純な欲望なので、口を挟むのに権利は要らない。さまざまな立場の人々の参加も可能となる。

コンペで選ばれた案が、そのまま実現されることはあまりない。では、案や人を選ぶことに意味がないのか。そうではない。先に述べたように「案」がプロセスの連続性を可能にする。案の中からアイデアが発見されていく。そもそも実施された時点で、コンペは案の競争であるから国や地域の区別は本質的に無関係である。普段の業務とは異なり、アマチュアとプロの境は揺るがされる。さらに案を実現させるうえで、諸業種の垣根も乗り越えざるをえなくなる。人々は関心という形でもかかわり、完成の以前から話題になっているから、実現後も解釈が展開されやすい。コンペをつうじた名建築が歴史上に多いのは、竣工の以前も以後も、その対象となる建築を多くの人が気にかける志向性が高いためである。

コンペは議論や混乱も含めて「みんな」をつくるものである。われわれという存在は何か、とりまく環境の特質とは何か、歴史の中に持続するものとは何か、をつくるものである。

本章はその歩みを、時間順に叙述してはこなかった。コンペのやり方が進歩しているのではない。まだ見ぬものへの希望であることは共通しながら、目的とする建築が七つの欲望の何を重視するかによって、とるべき手段も異なる。過去の例はその判断においても参考になるだろう。どんなコンペが良いのか、それを思考するのも「みんな」なのである。

第3章

日本のコンペの仕組みはどうなっているのか

——設計発注方式の変遷

序文でも書いたように、本書は建築コンペのもつ可能性を広く追い求めるため、「コンペ」という言葉を厳密には定義せずに論をはじめた。そして第2章で、歴史的な事例をつうじてコンペの意義を分析するなかで確認できたことは、やはり「「案」を競い合って決めること」の重要性であった。それによって建築のプロセスに連続性をもたらす「案」が社会に共有されることこそが、コンペの力であった。

ここで本章ではいったん、「コンペ」を、「「案」のみを競いあって決めること」という狭義の用語に戻すことから始めたい。実は業界用語としての「コンペ」は、建築をつくるために設計を発注する際の、いろいろな方式の一つにすぎない。設計発注には、「案」で選ぶもの、「人」で選ぶもの、「実績」で選ぶもの、「価格」で選ぶもの、それらを組み合わせたものなど、さまざまな方式がある。そのなかで、他の発注方式に比べると、「コンペ」という方式名称はかなり社会認知度が高い。それは、建築案の具体的なイメージが提示されることによって衆目を集めやすいからだけでなく、複数の提案のなかから一つが選ばれるという競争プロセスが人々にワクワクするような期待感を抱かせるからだろう。

ところが現在、日本の公共建築の設計発注において、純粋な意味での「コンペ」が催されるのはきわめて稀なこととなってしまっている。そしてさらに、本書がいまコンペを語らなければならないと考えるにいたった大きな出来事が二〇一八年にあった。国土交通省、都道府県及び政令市で構成する全国営繕主管課長会議がまとめたマニュアル「建築設計業務委託の進め方」(二〇一八年五月）において、「コンペ（設計競技）」という方式が選択肢からほぼ消滅したのである。つまり、このマニュアルに従えば、今後、公共工事の発注からコンペが消滅することになる。

なぜコンペは行政のマニュアルから消えたのか。本当になくしてしまっていいのか。本章では、まずコンペをはじめとした設計発注方式の種類と、日本の公共建築計画において主流となってきた方式の変遷を解説する。そして、日本型の〝プロポーザル〟の普及と、コンペ方式の衰退の背景を探りたい。

1　日本のコンペのいま

皆さんの周囲でも、日々、建築の工事は行われていることだろう。そしてその中には「公共建築」、すなわち国や地方自治体が建てる建築も少なくない。公共の学校や庁舎など大規模なものから公衆トイレなどの小さなものまで、数多くの公共建築が毎年建てられつづけている。二〇一九年には国、都道府県、市区町村による建築物が一万一一四五棟着工されている［▼1］。そしてどんなに小さな建築であったとしても、当然それを設計する設計者は存在している。その設計者はどのように選定され、設計を発注されているのだろうか。

公共建築の設計の発注方法についての二〇一六年度のデータ調査によれば、発注の六八％は

「設計入札」（「総合評価方式」を含む）であり、「随意契約（特命または推薦）」が三・四%、「コンペ」・「プロポーザル」によるものは二七・三%となっている［▼2］（一五二頁 Fig. 22参照）。ここで全体の約七割を占める「設計入札」とは、簡単にいえば「設計料がいちばん安い会社に依頼する」という方式である。この発注方法について、「税金を使うのだから、設計料も可能なかぎり節約するのは当然」という考え方もあるだろうし、「設計はその建築の良し悪しを決める重要な仕事なのに、ただ設計料が安いだけで発注して良いのか」と違和感を覚える方もいるだろう。

そして次に多い方式が、二七・三%の「「コンペ」・「プロポーザル」によるもの」のうちのほとんどを占める〝プロポーザル〟である。この二重引用符〝〟付きは本書独自の表記であり、そのように表記する理由は、現在日本で数多く実施されている〝プロポーザル〟が、本来の「プロポーザル」方式の概念とはまったく異なったものであるためである。これについては本章で詳しく説明していきたい。

さて、本書のメインテーマである「コンペ」、つまり「いちばんよい設計提案をした者（会社）に依頼する」という方式はどのくらい行われているのだろうか。残念なことにその方法での設計者選定は公共建築全体の一%にもまるで届かない。《新国立競技場》のコンペが社会問題になったとき、多くの一般の人々は少なくとも「コンペ」とはどういうものかは知っていた。しかし、コンペというものが、このようにすでにきわめて特殊な発注方式になってしまっているということは、いまだにあまり認識されていないのではないだろうか。第2章でも挙げてきたように世界において長き歴史を持ち、社会の欲望、希望を受けとめ、多くの心に残る建築を生みだしてきたコンペが、なぜ現代日本では絶滅の危機に瀕しているのだろうか。

日本における公共建築の設計発注において、重要なターニング・ポイントとなった文書がある。一九九一（平成三）年、建築審議会（建設大臣の諮問に応じて招集される、建築及び建築士に関する重要事項を調査審議する委員会）によって作成された「官公庁施設の設計業務委託方式の在り方に関する答申」（巻末資料2）である［▼3］。世界的建築家の丹下健三を会長に著名建築家などそうそうたる委員が名を連ねた審議会の答申は、公共工事の設計発注における「質」の重視、そのためのコンペ、プロポーザルなどの選定方法の提言といった、コンペを中心とした設計発注概念の基準ともいえるきわめて客観的かつ的確なものであった。ところがこの答申が皮肉にも、その後のコンペを消滅させていく流れに利用されてしまうこととなる。

そしてその答申から二七年の時を経た二〇一八年五月、国土交通省、都道府県及び政令市で構成する全国営繕主管課長会議が作成した公共建築の設計発注マニュアル「建築設計業務委託の進め方」において、具体的に解説されている発注方式は「プロポーザル方式」「総合評価落札方式」「価格競争（入札）方式」の三つ。つまり、「設計競技（コンペ）」という方式は選択肢からほぼ消滅した。ここにいたってしまった経緯についても後述したい。

2　設計発注方式の種類

ここではまず、設計発注方式を示す用語の一般的な意味とそれぞれの方式の現状を整理する。しかしながら、日本における公共建築の設計発注方式がどのような状況であるのかを、行政統計データから読みとるのは意外と難しい。なぜなら発注方式は現在かなり多様になってきており、それを分類する名称も曖昧に用いられてしまうことが多いためである。

たとえば、行政において公式に使用されてもいる「入札」「随意契約」といった言葉の定義やニュアンスでさえも、使われる局面によって微妙に変化する。公共発注全般のベースとなっている会計法によれば、発注の基本ルールは価格競争による「入札」であり、その例外措置が「随意契約」となるため、コンペやプロポーザルも随意契約に含まれる。一方で下記の❶「特命」のことのみを「随意契約」と呼んでコンペなどと区別することもかなり一般化している。このようにあまり厳密に用語を定義しようとするとかえって混乱を招くだけなので、ここではその定義や分類の正確さよりも、それぞれの用語の一般的な基本概念を示す解説としたい。

❶ 特命

発注者が直接、一人（社）の設計者を指名する方式で、公式な手続きとして複数の設計者の競争

方式の名称 (一般的な呼称)	会計・ 契約上の 分類	選定方法・ 基準	特性(関連の強さ)										
			設計者による競争	プロセスの透明性	選定時の匿名性	建築の意匠性	社会への発信	設計業務能力	事業コスト管理	設計条件の自由度	幅広い参加	選定作業の容易さ	応募作業の容易さ
❶特命	随意契約	審査なし	×	×	×	△	×	○	○	○	×	○	—
❷推薦		推薦から選定	×	△	×	○	△	○	○	○	×	△	－
❸設計競技(コンペ)		提案競争	○	○	◎	◎	◎	×	×	×	○	×	×
❹プロポーザル		提案競争	○	○	◎	○	△	△	△	△	△	△	△
❺書類審査、QBS		業務能力審査	○	○	×	△	×	◎	△	○	△	○	○
❻設計入札	入札	設計料競争	○	○	◎	×	×	△	◎	△	×	○	○
❼QCBS		総合的審査	○	○	×	△	×	◎	○	○	△	×	△
❽総合評価			○	○	×	△	△	○	○	△	×	×	×
❾デザインビルド	随意契約 (施工発注)	施工複合審査	○	○	△	△	△	◎	◎	△	×	×	×

Fig. 21　公共工事における主な設計発注先選定の方式分類

や比較は行われない。一九九〇年代以前には、自治体の首長がその自治体における重要な建築物の設計者を名指しで指定するようなことも一般的であった。それは住民の負託を受けた首長がその都市・地域への構想にふさわしい設計者を指名する、という意味では民主主義的な正当性があるともいえるし、選定に対する責任の所在も明確である。それ以外にも、特にその計画の目的にかなう突出した技量を持つ特定の設計者がいる場合や、改修・修繕設計において元の建物の設計者を指名する場合、予算規模が小さく競争による選定が事業コストとして合理性を欠く場合など、特命発注の背景にはいろいろな状況がありうる。

　この方法のメリットとしては、発注先選定手続きにかかわる手間やコストが最低限で済むこと、高度な能力を持つことがわかっている設計者を指名することができること、そしてプロジェクトの初期から設計者が参画できるため、設計検討と並行して建築条件を検証することができ、合理性の高い建築が得られる可能性にもつながること（前頁の表における「設計条件の自由度」参照）などが挙げられるだろう。一方で、設計者の選定、その後の設計プロセスにおいて透明性や客観性が担保されないという問題もあり、それについては別途配慮が必要となる。

この「特命」のことを「随意契約」（略して「随契」）と呼ぶこともあるが、これは狭義の随意契約であり、行政手続き上は❻〜❽のような入札方式以外の発注手続き全般が「随意契約」と呼ばれる（すなわち、コンペも随意契約の一形態となる）ため、ここでは混同を避けるために「特命」という言葉を用いている。

❷ 推薦

「設計者選定委員会」というような組織を設け、その委員から**設計者の推薦を受け、その中から協議で発注先を選定する方式**。この委員会組織には、国や自治体が有識者などに依頼したもの、民間団体が委託を受けたもの、公共工事全般のために自治体などが常設するもの、その計画に応じて立ち上げられるものなどいろいろなパターンがある。この方式は設計者からの資料提出は求めず、委員会内の資料収集、推薦にもとづいて選定が行われるものだが、❸以下の設計者参加による方式もこのような組織によって運営されることがある。十分な能力のある委員会が時間と手間をかけて検証を行い、その記録がきちんと作成・公表されれば、一定の客観性・透明性がある発注プロセスを担保することができる。一方で委員会は大きな責任と労力を負うこととなり、その運営にはコストと時間がかかる。いずれにしても、信頼に足る選定委員会を組織できることがこの方式の重要な前提条件となる。

❸ 設計競技（コンペティション、コンペ）

その建築の敷地、用途、面積、建設費などの条件を提示し、それにもとづいた**設計提案を募集し、それを比較審査して最も優れた案を提出した設計者を選定する方式**。広く一般から提案を募集する「公開コンペ」と、ふさわしいと思われる設計者を数人（社）指名して行う「指名コンペ」に大別される。いずれの場合もあくまで設計提案のみを対象として選考することを原則とし、審査は設計者の匿名性を保った状態で行われることが基本となる。完成する建築の姿を審査するものであるため、最も建築そのものの質を志向した方式であり、広く設計の叡智を集めることで、斬新で優れた建築を得られる可能性にも満ちたプロセスである。一方で、募集側（発注者）、応募側（設計者）の双方に負荷を与える問題点も多く存在する。

発注側の負荷としては、まずあらかじめ建築の設計条件を明確に決めなくてはならないことがある。通常の建築計画では設計を進めながら条件を修正し、計画と建築のバランスを調整していくようなことも多いが、コンペ前には当然まだ設計者が存在しないため、そのような詳細検証はできない。また、コンペ後に設計条件や設計案の大きな変更を行うこともコンペの公正さの観点から問題となるため、設計者がいないコンペ前の状況下で、決定的な計画内容の判断ができるだけの検討作業を遂行しなくてはならない。

さらにコンペの段階では、設計提案図書のかぎられた情報のみで短期間に正確な審査を行うことの難しさに直面する。特にコスト面での適合性の判定は難しく、当選案を実現しようとしたら建設コストが予算を大きくオーバーしてしまったというような問題が繰り返されてきた歴史がある。《シドニー・オペラハウス》のコンペ（第2章参照）では、最終的な工事費は当初予算の一四倍以上という、《新国立競技場》コンペ（第1章参照）などとは比較にならないほどの予算オーバーが社会問題ともなった。どのようなコンペにおいても、その時点で完全な精度を持った審査をすることが不可能であることは当然ともいえ、それゆえこのような問題が起こったとき、発注責任の所在が曖昧になってしまうという問題もある。

また応募する設計者への負荷も大きい。特に公開コンペでは通常まったく報酬がないにもかかわらず、かぎられた情報と時間で一通りの設計図面を作成しなければならない。当然その時点で発注者と打合せをすることもできない。そのためコンペ時点では十分な精度を持った案を提出することはできないのだが、先述のようにコンペ自体が足かせとなって受注後の大きな変更もしにくい。その計画の置かれた状況にもよるが、コンペ方式をとることによって基本的な計画プログラム（それが設計条件となる）を決めるプロセスに設計者が参加できなくなってしまうことは、多くの文脈に調和をもたらすような高度で斬新な設計案の創造を制限してしまうことにもつながりかねない。

このような多くのリスクも抱えながらも、コンペは世界で繰り返し行われ、歴史と心に残る建築の数々を生みだしてきた。公開された提案競争という刺激は、建築文化を更新・発展させるエネルギーとなる。文化の持続性のために多少の負担やリスクを社会が負うことは当然である、という社会的合意さえあるならば、コンペは社会・文化の進化システムの一部となりうるものだろう。

❹ プロポーザルと〝プロポーザル〟

コンペがその建築自体の設計提案を審査するものであるのに対し、プロポーザルは、**具体的な設計図面ではなく、その建築に対する設計理念や建設技術などの提案を求め、審査する方式**である。

コンペと比較してのメリットは、発注側はプロポーザル時点で詳細な設計条件を決める必要がなく、応募する設計者も具体的な図面作成の必要がないため、双方の負担が少ないこと、そして設計者が決定した後に、設計を進めながら計画プログラムを練り上げていく余地が多く残されることである。もちろん逆に、コンペと比較して結果としての建築の姿が見えにくい状態で設計者を選ばなければならないというリスクもある。とはいえプロポーザルもあくまで建築に対する提案を審査する方式であるため、コンペの一形態であると捉えることができるだろう。

ところが先述してきたように、**近年日本で行われている〝プロポーザル〟は、いま説明した本来の「プロポーザル」とはまったく異なる方式**となっている。それは設計理念や技術提案などに加えて、次項❺で説明する書類審査の内容、すなわち設計者の実績や事務所規模等までも審査対象とするものである。ただ一つ審査項目が加わっただけに見えるかもしれないが、それだけで、かなり主旨が捉えにくい選定方式となってしまうのである。まず提案の審査と実績の審査、それぞれの評価配分によってまるで性格の違う競争になってしまうという曖昧さをもつ。そしてなによりも、実績の審査があるということは、すなわち応募者の匿名性が保たれない選考となることを意味し、それでは提案の審査の純度は下がってしまう。つまり、**〝プロポーザル〟は事実上、「提案の審査が加味された書類審査方式**」とでもいうべきものなのである。

このように〝プロポーザル〟は、柔軟といえば聞こえはいいが、作為的・不作為的に選考プロセスが曖昧になり、発注側、応募側の意図の伝達にコミュニケーション不全が起きやすい方式でもある。たとえば、一見優れた技術提案を求めているように見えながら、実際にはほとんど実績のみを重視して選定が行われるようなことも起こりかねない。さらに詳細な設計条件も決まっていない計画初期の段階で実績偏重の〝プロポーザル〟が行われ、その後の設計プロセスが結局公開されない状態で進められてしまうようなことになってしまうならば、結局のところ❶特命、❷推薦などとの違いはあまりなく、競争を装った、単なる形式的な手続きともなってしまいかねない。

このような〝プロポーザル〟方式に「プロポーザル」という言葉を用いている現状は、コンペ（提案競争）という文化そのものを揺るがせかねないものであると、本書は考える。

❺ 書類審査（QBS、資質評価）

実績、経験、能力、人柄等を評価して最適な人を選ぶという考え方の方式。当該業務の工程計画、設計体制（チームの構成）、設計者の経歴、業務実績（経験、作風等の確認）などの資料を提出させ、必要に応じて面接やヒヤリングを行って審査し、設計者を選定する。設計者が選定された後に発注者と交渉しながら設計内容や設計料を決めることになるが、そこで不調となった場合は次点の設計者との交渉となる。

この方式の理念は「設計案ではなく設計者という人で選ぶ」ものであり、高い技術力をはじめとした業務遂行能力をかなりの程度確認したうえで設計者を選定できる。そして設計者が選定された後の設計内容に、選定プロセスによる拘束はほとんどない。一方でもちろん、つくられる建築の姿がまったく示されていない状態で設計者を選ぶことになるというリスクもある。そのためおのずとより多くの実績を持つ設計者が選ばれがちとなり、実績のない設計者が「実績→発注→実績」というこの方式のサイクルに参入することは困難となる。つまり、第2章で挙げたコンペを求める社会の欲望のうち、「継承への欲望（新人に機会を与えたい）」や「破壊への欲望（いままでにないものをつくりたい）」といった欲望に応えることはあまり期待できない方式でもある。

方式の理念としては、それまでの実績や業務能力が審査されるため、選定時における競争がない❶特命、❷推薦のような方式と行っていることは同じようにも思われるかもしれない。しかし、それらとの大きな違いは、**選定プロセスで公式に設計者とのコミュニケーションがある**ことであり、競争要素としてその部分を重視しなければこの方式は意味を持たない。そこでは、面接などの評価の公平性・的確性、そして透明性の担保も当然必要となる。

アメリカ合衆国では一九七二年の「建築家・技術者選択法（ブルックス法）」によって、このような概念のQBS（Qualifications Based Selection）方式による設計発注が法制化され、ほとんどの公共工事で運用されている。

❻ 設計入札

「設計料入札」ともいう。会計法および地方自治法には、公共調達の原則は価格競争（＝入札）であると明記されている。このためこれが現在でも公共の建築設計の発注でいちばん多い方式となっている。設計入札に際しては、対象となる建築の規模、内容、敷地条件などを示して、その設計を行うための業務料を匿名の入札形式で競争させ、設計者を選定する。とにかく**設計料を低く抑えることを目的とした価格競争**である。一九九一年の建築審議会の答申では「設計料の多寡による選定方法によってのみ設計者を選定する」と書かれたが（巻末資料2）、実際には一応、入札に参加するためにはあらかじめ資格審査（主に企業の規模・経営状況などの審査）を経た登録を受けている必要がある。

公共発注における入札には「談合」（入札者、関係者が示し合わせての入札金額調整）という問題がつきまといつづけており、そのような違法行為はもちろん——可能かどうかは別として——厳正な監視で排除されなければならないだろう。しかし、設計発注を入札方式で行うことの本質的な問題点はそこではなく、成果としての建築の品質にかかわる要素が審査されないことであることはいうまでもない。文化的なオーダーメイド品である建築設計を一般の製品調達と同様に考えることにはそもそも無理がある。先述したように、公共建築は直接お金を儲けるような目的でつくられるものではなく、住民の生活・環境を向上させるためにつくられるものである。そう考えれば、建築の品質を考慮しない発注は基本理念として不適切であるともいえるだろう。

しかし、二〇〇五年に制定された「公共工事の品質確保の促進に関する法律（品確法）」で、調達において「価格以外の多様な要素をも考慮」することが規定された現在でも、公共建築の六八%は設計入札で発注されている。公正な設計入札のためにはあらかじめ発注側が詳細に計画の仕様や予算内訳を検証・決定していなければならず、本来決して簡単な作業ではないのだが、これだけ数多く行われている理由は、やはりこの方式がすでに社会システムとして発注・応札側双方に定着しているため、慣習的にスムーズに発注手続きができるということだろう。そしてそれは、**公共建築を建てるという行為自体が慣習的に行われてしまっているということの表れ**でもある。

❼ QCBS

QBSに加えて、**設計業務料の見積もりも審査対象とする方式**。実際には業務料による評価の比率を高くすると設計入札と同じ短所を持つことになってしまうため、業務の内容に応じて業務料の評価比率を最低限に抑える必要がある。その他にもいろいろな選定方式の長所・短所とも併せ持つようなものとなるため、募集・選定を行う側に、その建築プロジェクトの性質に対する高度な理解が必要となる方式であるといえるだろう。逆にいえば、その評価比率の設定や評価方法に正当性や透明性がなければ、この選定方式をとる意味は希薄となってしまう。また業務内容の詳細が決定していない段階での設計者選定であるため、QCBSで価格競争原理を作用させてコストダウンしても、業務内容の確定段階において契約金額を修正変更せざるをえず、そこでのコストアップを考慮すると結局はコスト削減効果がない、もしくはマイナスであるという調査報告もあり、アメリカではこの方式ではなくQBS方式が主流となっている。EU諸国ではQCBS方式の採用が多いが、その評価比率の設定をはじめとした品質確保のためのさまざまな方策が各国ごとにとられている。

❽ 総合評価

QCBSと同様に、多くの選定基準を総合的に審査する方式という概念ではあるが、QCBSが「設計料の要素を加味した書類審査方式」であるのにたいして、これは「**書類審査を加味した設計入札方式**」というべきものである。業務料競争の結果として能力的に不適当な設計者が選定されてしまいかねないというリスクを緩和するための方策として、その他の要素を書類提出させ、その評価が加味される。その他の要素とは、設計業務発注においては、技術提案、経歴・実績などであり、設計業務料はもちろん、それぞれの評価点を合計して、点数の高い設計者を選定するような方法が一般的である。基本的には入札方式であるため、QCBSより契約変更に伴うコストアップのリスクも抑えられる。

一方で設計入札がベースにある時点で、プロセスの透明性や発注者と応募者のコミュニケーションは制限される。たとえば、この方式で入札金額の評価割合を下げて提案を重視するというような運用も可能ではあるが、そのような場合は〝プロポーザル〟方式以上に発注側、応募側の意図の伝達にコミュニケーション不全を起こしやすいと考えられるため、注意が必要だろう。

このように、設計入札方式の本質的な問題点が解決するわけではないが、近年日本の公共設計入札で推奨されるようになり、注目されている方式である。

❾デザインビルド

この方式は**設計・施工の一括発注を前提とする**ため、挙げてきたような設計業務の発注方式ではなく、**工事発注の一方式**として捉えられるべきものであろう。施工における技術的な工夫の余地が大きい建築プロジェクトにおいて、建築本体の設計提案をはじめとして、施工技術、工事工程など施工に関する技術提案、そして設計業務料、工事費までのすべての資料の提出を求め、それを詳細に採点して設計・施工者を選定する。設計者は施工者と同一組織であるか、応募チームの一員として参加することになる。

この方式の最大のメリットは、建築の品質だけでなく、工期、工事費といったプロジェクト全体における不確定要素が、一度の審査でかなりの部分まで確定されることである。一方で当然ながら、応募する側も、審査する側も非常に大きな労力とチーム体制が必要となる方式であり、応募できる者が限定されてしまうというデメリットがある。短期間での精度の高い提案設計に加えて正確な工事費見積もりや工程計画が求められるため、事実上、大手の総合施工会社（ゼネコン）しか対応できない。《新国立競技場》のやり直し公募型プロポーザル（二〇一五年）はこのデザインビルド方式で行われたが、わずか二案しか応募がないという結果となってしまった（第1章参照）。発注者は工事費や工程まで含め要求条件を詳細に決定する必要があるため、事前準備にはコンペ以上の手間がかかる。また、発注段階で確定してしまう条件が多いということは、プロジェクト進行に伴う変更への対応に負荷がかかるということも意味する。QCBSと同様に契約変更に伴う費用が発生してトータルではコストアップにつながってしまうリスク、あるいは、契約金額内で変更を吸収するために品質に影響するような計画の歪みが生じるリスクなども考えられるだろう。

以上のように、設計発注にはいろいろな方式、概念が存在する。さらに、一定条件を満たせば誰でも応募できる「公開」型と、数人（社）を指名する「指名」型といった分類、あるいは、二段階、三段階で異なった審査を組み合わせる方式、公開審査や意見募集などで住民も審査に参加する方式など、さまざまなバリエーションがある。それにもかかわらず、実際の設計発注の大部分が型どおりのかぎられた方式で行われているのはなぜだろうか。設計入札方式が法的根拠と手続きの簡易さという保守性によって多用されているのは先述のとおりだが、もう一つの典型的な方式であり、国土交通省も推奨するいわゆる〝プロポーザル〟の普及についても、次節より、発注方式の変遷を見ていきながら検証したい。

3　入札と随意契約

前節で挙げたように設計発注方式にはさまざまな概念がある。それではこれまで、日本の公共工事は主にどのような方式で発注されてきたのだろうか。次頁の図をご覧いただきたい。これは註記のように統計主体・方法が異なるものが並んでいるので、数値の正確さを問えるものではないが、大きな傾向は十分に読みとれるだろう。まずわかるのは、公共工事の発注においては前節で分類した❻設計入札（以下「入札」）がかなりの比率を占めるということである。それはなぜか。全体の傾向を見ていくうえでも、この入札と随意契約（入札以外の方式）の関係性が重要となる。

入札（＝価格競争）**による設計発注が大半を占める起源は、一八九〇（明治二三）年四月一日に施行され**

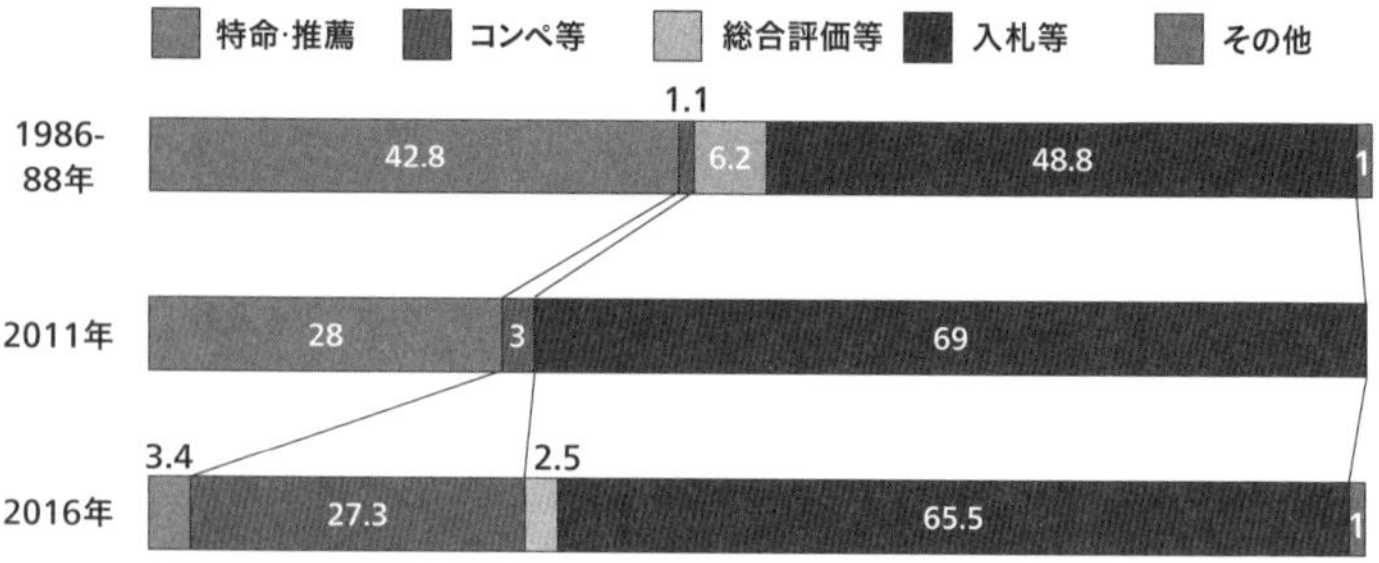

Fig. 22　公共工事における設計発注方法の推移

出典＝1986-88年：建設大臣官房官庁営繕部による都道府県、各官庁営繕関係部局へのアンケート調査（『公共建築』誌平成3年9月25日号）
2011年：日本学術会議「知的生産者選定に関する公共調達の創造性喚起」〈付録〉自治体の設計・コンサル発注の状況についてのアンケート結果／日本学術会議・土木工学建築学委員会　デザイン等創造性を喚起する社会システム検討分科会の調査）
2016年：『建築ジャーナル』誌2018年10月号より（「建築設計業務に関する入札・契約の実施状況」（国土交通省）および「官公庁施設の設計業務に関する実態調査の結果」（全国営繕主管課長会議）より）

た「会計法」（通称、「明治会計法」）**に遡る**。国による歳入徴収、支出、契約等について規定するこの法律で、当時のイタリアとフランスの会計法に倣って公共調達における一般競争入札（＝公告による競争）の原則が明記された。つまり、公共的な調達においては、入札による価格競争によって発注先を決めること、というルールが定められたのである。それと同時に現代まで続く入札制度の諸問題も発生する。すなわち、予定価格の漏洩と談合、安値落札業者による手抜きや粗悪工事などである。それらの問題への対応もあって一九二一（大正一〇）年四月の「大正会計法」では、指名競争入札（＝発注者が指名した特定多数による競争）が導入された。そこでまとめあげられた方式は終戦直後の一九四七（昭和二二）年に制定された「昭和会計法」（＝現「会計法」）でも基本的に変わらず、現在まで継承されている。また、地方自治体による発注については一九四七年に公布・施行された「地方自治法」で定められているが、基本的には会計法に倣ったものとなっている。

では、随意契約はどこから出てくるのか。会計法には以下の条文がある。「契約の性質又は目的が競争を許さない場合、緊急の必要により競争に付することができない場合及び競争に付することが不利と認められる場合においては、政令の定めるところにより、随意契約によるものとする」（会計法第29条の3第4項）。地方自治法施行令167条の2第1項では、少額契約の場合や、性質又は目的が競争入札に適しない場合などには随意契約を行うことができるとしている。つまり、随意契約は入札に適さない状況におけるあくまで例外的な契約方法として位置づけられているのである。そしてこれらの法律上、特命はもちろん、コンペその他入札以外の方法はすべてこの随意契約に分類される。

そのように例外的な位置づけにもかかわらず、先ほどのデータを見てもわかるように、一九九〇年頃までは特命・推薦による随意契約の比率がかなり高い。これは一九四五年の終戦後の建設ラッシュ期において、公共的な建築についても民間設計者への外注が活発になったことに始まる。特に一九五〇年の朝鮮戦争勃発を背景に、日米安全保障条約にもとづく駐留軍のリロケーション（再配置）が三〇〇億円という巨大事業として開始され、復興事業の繁忙の中、進駐軍施設の設計のすべては民間に外注されることとなった。そこでの設計者選定は日本建築設計管理事務所協会等による推薦方式であり、推薦された会員事務所三社から一社を選んで随意契約するという方式がとられた。その後の高度成長期には国の官庁営繕費も大きくなるとともに設計外注の要領も明確にされていったが、そこでは建築設計は原則として随意契約とするという考え方が明確にされていた。

そして東京オリンピック関連施設（オリンピック組織委員会・施設特別委員会による決定）、《赤坂迎賓館》（本館改修：村野藤吾、和風別館：谷口吉郎）などの特命による設計発注、《国立劇場》や《最高裁判所》などのコンペといったように、国家的に際立った建物をはじめとした主要な公共建築設計が随意契約で発注される一方で、それ以外の公共建築の設計発注の多くは会計法・地方自治法の原則どおり入札によって決められるという二分化された状況が生まれた。特に地方自治体における発注は設計入札が主流であり、一九八〇年代前半には全国営繕主管課長会議において「地方公共団体レベルにおける設計者選びは、設計業務委託料の多寡のみで判断する入札方式が主流となってきており、そのため設計の質、ひいては公共建築の質の低下は憂慮すべき状態にある」との問題提起もあった。

先述のように法律上の原則は入札なので、バランスとして過半が設計入札によっていることは不自然ではないが、同時に、多くの衆目を集め、高い質が求められるような建築において国民・地域住民の負託を受けた為政者がその構想にふさわしい設計者を指名したり、コンペによって選定したりすることにも正当性があり、一定の割合では随意契約も行われていた。そして設計入札、随意契約ともそのプロセスや結果としての建築でさまざまな問題を起こしつつも、いわば日本独特の「公共建築設計文化」として熟成・定着してきたのである。

4　特命から〝プロポーザル〟へ

公共工事の発注方式のバランスが大きく動いたのは一九九〇年以降である。そこでは大きく二つの変化が同時に起こっており、相互の関係性も強いのだが、ここではあえて二つを分けて論じたい。一つは随意契約の縮退であり、もう一つは随意契約における〝プロポーザル〟方式の普及である。

(1) 随意契約の縮退

先ほどのデータ（Fig. 22）で顕著にわかるように、下二つのグラフでは特命・推薦という形式の随意契約が急激に減少している。この大きな変化の引き金となったのは、一九九三（平成五）年に日本社会を揺るがしたいわゆる「ゼネコン汚職事件」である。公共事業の入札などをめぐって総合建設会社（ゼネコン）と国会議員、知事、市長などのあいだで賄賂・ヤミ献金のやりとりが行われていたことが、元自民党副総裁、金丸信の脱税事件の捜査から明らかとなり、一九九三年、仙台市長、茨城県知事、宮城県知事など八人が収賄、大手建設会社トップを含む二五人が贈賄により逮捕された。さらに、一九九四年には前建設大臣の中村喜四郎も斡旋収賄容疑で逮捕。これらのほとんどが入札・談合に関係したものであったため、公共建設発注の公平性に対する信頼度は大きく損なわれることとなった。

この事件を受けた政府は一九九四（平成六）年一月には「公共事業の入札契約手続の改善に関する行動計画」を閣議了解する。そこには「国内の公共事業の入札及び執行をめぐる最近の状況にかんがみ、また、国際的な建設市場の開放を背景とした諸外国からの我が国建設市場への参入要望の高まりをも踏まえ、公共事業の入札・契約手続を国際的な視点も加味した透明で客観的かつ競争的なものとしていくことが重要である」と書かれている。つまり、ここで問題として強調されたのは入札制度自体ではなく、その客観性や競争性の不備であった。その一方で社会的に批判を浴びたのは発注における自治体の首長の権限の強さ、そして政治と建設業界との癒着ぶりであり、競争性に乏しい特命発注などの随意契約は非常にやりづらい雰囲気となった。

このような雰囲気がもたらした結果として、設計発注においても随意契約全体の割合は減少し、皮肉なことに入札発注が増えるという現象が起こった。当時、設計者選定委員会を持つ自治体は全体の二～三割程度であり、ノウハウ・手間・時間・コストが必要とされるコンペ形式は一般性を持ちにくかった。そのため、特命方式を封印されてしまうと、残された無難な発注方法は結局、会計法・地方自治法が原則として掲げる入札方式しかなかったのである。そしてそのような閉塞感のある状況下で、救世主のごとく提唱されたのが次に論じる〝プロポーザル〟であった。

（2）〝プロポーザル〟方式の普及

前項の「随意契約の縮退」と同時に見られる顕著な変化として、「コンペ等」の方式が増えていることも読みとれるだろう（Fig. 22）。とはいえその「コンペ等」の中身の大部分は設計競技（コンペ）方式ではなく、本書では二重引用符〝 〟付きの表記で本来のプロポーザル方式と区別している〝プロポーザル〟なのである。先に説明したように、〝プロポーザル〟はプロポーザルと書類審査という、主旨も方法もかなり異なった方式を合体させたようなものである。この奇妙な〝プロポーザル〟が急速に普及した経緯を見ていきたい。

振り返ってみるとその普及の起点となったといえる重要な提言がある。本章冒頭でも触れた一九九一（平成三）年の建築審議会による「官公庁施設の設計業務委託方式の在り方に関する答申」である（巻末資料2）。この諮問の背景について、当時の建設大臣官房官庁営繕部建築課長の塩原壮太は以下の三つを挙げている［▼4］。

①設計者選定方式に総合的なものがなかったという建設省自体の課題。これまで記念的建築物のコンペや書類審査による随意契約を行ってきたが、総合的な方式は明確化されていなかった。

②一九八三（昭和五八）年の全国営繕担当主管課長会議で、設計者の選定方式の検討を希望する

声が上がった。東京都のように方式が確立しているところは別として、かなり発注方法に混乱があった。

③設計の国際化対応。一九八五年の第二国立劇場コンペの国際化、一九八八年の日米建設協議に基づく外国企業の参入問題。

公式の説明としてはこのようなものになろうが、先述したように、戦後の公共設計発注における入札と随意契約の並存が長く続いていた状況下で、それぞれの方式がさまざまな問題を抱えており、基本的な指針をまとめる必要があったということであろう。

さて、この答申には「官公庁施設は国民共有の資産として質の高さが求められることから、その設計業務を委託しようとする場合には、設計料の多寡による選定方法によってのみ設計者を選定するのではなく、設計者の創造性、技術力、経験等を適正に審査の上、その設計業務の内容に最も適した設計者を選定することが極めて重要である」と書かれており、そのような選定方法として「設計競技方式」（提出された具体的な設計案を審査し、設計者を選定する方式）、「プロポーザル方式」（提出された設計対象に対する発想・解決方法等の提案を審査し、設計者を選定する方式）、「書類審査方式」（当該業務の工程計画、設計チームの構成、設計者の経歴・作風等に関する資料を提出させ、必要に応じ面接・ヒアリングを行ってこれを審査し、設計者を選定する方式）の三つを挙げている。答申本文はわずか五ページにまとめられた短い文書であり、各方式の具体的な実施方法についてはその後建設省によってまとめられることとなっていた。そして翌一九九二（平成四）年に、建設省大臣官房官庁営繕部は「建築設計業務設計者選定要領」を定め、設計者選定は原則としてプロポーザル方式によることとした。ここで示された方式こそ、「プロポーザル方式」に「書類審査方式」を併合した〝プロポーザル〟方式であった。そして、先の答申ではまったく想定されていなかったこの〝プロポーザル〟が、皮肉にもコンペを消滅させていくこととなる。

その直後に起こったのが、前項に書いた一九九三年の「ゼネコン汚職事件」である。事件を受けて一九九四（平成六）年一月に閣議了解された「公共事業の入札契約手続の改善に関する行動計画」には設計発注の方法として公募型プロポーザルが示され、同年度から一定金額以上の事案については公募型プロポーザル方式が導入された。またさらに一九九六（平成八）年度からは、より小規模な業務について、簡易公募型プロポーザル方式が導入された。この流れからも読みとれるのは、建築審議会の一九九一年の答申における「設計の質の重視」と、一九九四年の政府行動計画の「客観的かつ競争的」を兼ね備え、かつコンペよりも発注者に負荷をかけない方式のスタンダード、という〝プロポーザル〟方式の位置づけである。

この〝プロポーザル〟は、一見バランスがとれた選定方法に見えるかもしれないが、本質的な矛盾が内在するものでもある。すなわち、**書類審査が併用されることによって選考における提案者の匿名性がなくなってしまい、「提案を選ぶ」というプロポーザルの純度は大きく低下する。**書類審査の純度も同様で、結局二方式の併用によって、提案と実績がどのように総合的に評価されたのか、つまり、その選定の客観的な根拠がわかりにくくなってしまう。両方式の長所を兼ね備えるといえば聞こえはいいが、両方式の特徴を打ち消しあってしまっているともいえるのである。そもそも「官公庁施設の設計業務委託方式の在り方に関する答申」で「発想・解決方法等の提案を審査」するプロポーザル方式と、「設計者の経歴・作風等を審査」する書類審査方式が明確に区別されていたのは、言うまでもなくこれらが、その主旨も方法もまったく異なるものだからである。

この一九九一年以降における「プロポーザル」という用語の変換の影響は大きく、矛盾する概念を内包したことによってその基本概念、目的はかなり曖昧になってしまった。このような曖昧さを持った方式が導入された背景には、先述したように、建築の品質に配慮すべきという風潮に対応しつつ、発注者の負担やリスクを増大させたくない、という意図が作用していると考えられる。つまり、この曖昧さこそが都合良かったのである。基本的には書類審査方式であるにもかかわらず、あえて「プロポーザル」という呼称を用いることによって競争性があることを示しながら、コンペのように事前に設計条件を明確に決める必要もない。また、審査内容が多岐にわたるため、良くも悪くも、意図的に選考の方向性を操作しやすい。実際、この時期の多くの〝プロポーザル〟においては、募集時点のみならず結果発表後にも、提案審査と実績審査の配点が公表されないものが多かった。

そして、このような〝プロポーザル〟方式の説明に用いられた言葉こそ、「コンペが案を選ぶ方式であるのに対して、プロポーザルは人を選ぶ方式である」というものであった。これはコンペとプロポーザルの違いの説明として現在でもよく用いられるが、よく考えてみればまるで意味不明なフレーズである。コンペも入札も最終的に設計者という「人」を選ぶための方法であることに変わりはない。選考基準の違いを説明しようとするのなら〝プロポーザル〟は「概略提案と経歴を選ぶ」というべきである。あるいは、この言葉は、この〝プロポーザル〟が、実は書類審査方式に近いものであることを、あえてわかりにくく表明しているともいえるのかもしれない。けだしこの「人を選ぶ」という言葉は、〝プロポーザル〟の概念の不明瞭さを美化する名コピーであったといえるだろう。

とはいえ、すぐにこの〝プロポーザル〟が普及したわけではない。中央官庁などの建築計画ではすぐに一般化したが、地方自治体においてはやはり運用のノウハウがないことによるハードルが高かった。その中で一つの節目となったのは、二〇〇五（平成一七）年に施行された「公共工事の品質確保の促進に関する法律」であった。

5 品確法とコンペの消滅

品確法とは何か

二〇〇五（平成一七）年四月、「公共工事の品質確保の促進に関する法律」（通称「品確法」）が施行された。そこには「公共工事の品質確保に当たっては、公共工事に関する調査及び設計の品質が公共工事の品質確保を図る上で重要な役割を果たすものであることにかんがみ、前各項（略）の趣旨を踏まえ、公共工事に関する調査及び設計の品質が確保されるようにしなければならない」（品確法第3条第7項）という理念が示されている。そして同年八月には品確法第8条第1項にもとづき、「公共工事の品質確保の促進に関する施策を総合的に推進するための基本的な方針」が閣議決定され、「公共工事の品質確保に当たっては、公共工事に関する調査・設計の品質が重要な役割を果たしており、……このような観点から、……調査・設計の契約に当たっては、競争参加者の技術的能力を審査することにより、その品質を確保する必要がある」と明示された。これを受けた試行を経て二〇〇九年（平成21）年には、国土交通省の「設計コンサルタント業務等成果の向上に関する懇談会」が「建設コンサルタント業務等におけるプロポーザル方式及び総合評価落札方式の運用ガイドライン」をまとめるにいたった［▼5］。ここに示された設計発注の選択肢は「プロポーザル方式」（〝プロポーザル〟のこと）、「総合評価落札方式」（総合評価）、「価格競争方式」（設計入札）のみであり、すでに設計競技、コンペといった方式への言及はない。このガイドラインは二〇一一年、二〇一三年にも改定され、確立されていく。また二〇一四（平成26）年には、品確法基本方針の改正が施行され、発注者の責務がより具体的に明記された。

品確法の主要な目的は談合やダンピング問題などへの対策であったが、その基本方針は、一九九一～一九九六年につくられた〝プロポーザル〟概念の法制度化という側面も持っている。ここでコンペではなく〝プロポーザル〟へと誘導されるロジックは、法律名自体に表明されている。すなわち、この法律が「**建築の品質の確保**」を求めるものとなっていることである。もちろんそれが間違っているというわけではないが、「品質」という言葉は、建築の合理的、機能的な側面を強く意識させるものでもある。つまり、既成の評価軸に沿った「品質」を確保することを目標とするとき、コンペがもたらすような革新的な概念や試みなどは、その価値が不確実で排除されるべきものとみなされてもおかしくない。事実、地方自治体に向けた国土交通省のパンフレットは明確に〝プロポーザル〟を推奨し、コンペは説明のための比較対象として触れられる程度となった［▼6］。

ここでもう一つ重要なことは、この品確法が会計法や地方自治法に対して優先的に適用される特別法として位置づけられてはいないことである。したがって、同法によって設計入札方式が排除されるわけではなく、その一方で「競争参加者の技術的能力を審査すること」という規制も併存することとなった。その結果は二〇一一年から二〇一六年の発注方式の変化を見てもわかるとおり、入札の割合は減らず、随意契約における〝プロポーザル〟の割合が急増する（図の「コンペ等」の増分のほとんどは〝プロポーザル〟）という状況である（Fig. 22）。

前節でも述べたように〝プロポーザル〟方式は曖昧さを持った方式である。そのため調査のもととなった各自治体へのアンケートに回答された「コンペ等（主に〝プロポーザル〟）」の中身はかなり幅が広いと考えられる。品確法および国土交通省のガイドラインをそれぞれの都合で解釈して、実態としてはかなり推薦方式に近い経緯のものや、設計競技に近いものが「プロポーザル」と名づけられている事例も数多くあった。それが「コンペ等」の急伸に結びついているのである。

このような方式運用の混乱に対し、ガイドラインをまとめる動きも進められた。二〇一四年の品確法改正を受けた二〇一七年の国土交通大臣の諮問への答申「官公庁施設整備における発注者のあり方について」(答申：社会資本整備審議会)において、「発注者の役割に関する認識の共有化」のために「解説書」を作成、普及・浸透を図ることが示された。そしてこれを踏まえて、国土交通省、都道府県及び政令市で構成する全国営繕主管課長会議において、適切な設計者選定を行うための解説書「建築設計業務委託の進め方」(二〇一八〔平成三〇〕年五月)が作成された。その内容は、それまでの設計発注方式の検討の成果を整理してとりまとめたものとなっている。全国の公共建築工事の発注者が設計者選定を行う際のマニュアルとして活用できるように業務委託の流れに沿って解説するものであり、どのような発注方式とするかの考え方から方式の具体的な運用方法までが細かく解説されている。主要なベースとなっているのは先述した、品確法を受けて二〇〇九年からまとめあげられてきた「建設コンサルタント業務等におけるプロポーザル方式及び総合評価落札方式の運用ガイドライン」(二〇〇九年)であり、今回具体的に解説されている発注方式もやはり、「プロポーザル方式」(〝プロポーザル〟)、「総合評価落札方式」(総合評価)、「価格競争方式」(設計入札)の三つのみ。つまり「設計競技(コンペ)」という方式が選択肢からほぼ消滅したのである[▼7]。

絶滅危惧種のコンペ

このように見てくると、「随意契約の縮退」、「〝プロポーザル〟の普及」という流れの陰に隠されて、もう一つの大きな動きがあったことがわかる。すなわち、「設計競技（コンペ）方式の消滅」である。国が発した〝プロポーザル〟の大号令は、結果として設計案を競うというコンペ方式を公共発注から消してしまった。さらにいえば、本来は企画提案競争である「プロポーザル」も、書類審査と併用される〝プロポーザル〟へと変換されたことで選考の匿名性などの、提案競争としての基本理念を失い、「提案要素が加味された書類審査方式」となってしまった。すなわち、純粋な提案競争により設計者を選ぶという概念の方式は失われたのである。

一九九一年の建築審議会による「官公庁施設の設計業務委託方式の在り方に関する答申」では「設計料の多寡による選定方法」に変わるべき選定方式として「設計競技方式」「プロポーザル方式」「書類審査方式」という三種類の方式の適切な活用が提唱されたが、それを受けた翌一九九二年の建設省大臣官房官庁営繕部による「建築設計業務設計者選定要領」では「〝プロポーザル〟方式」という名の事実上の書類審査方式を基本とすることに変換されてしまった。二〇〇五年の品確法の「基本的な方針」においても、「競争参加者の技術的能力を審査」という書類審査方式を示唆する方法が示された。つまり、もともとは「設計料の多寡だけで決めてはならない」という答申が、いつのまにか「設計・企画提案だけで決めてはならない」という方向に誘導されてしまったのである。

一九九一年の答申本文は短いものだが、その中には八か所も「適正」という言葉が用いられている（巻末資料2）。「適正な審査」、「適正な委託条件」などの言葉が主張する「適正」さとは何であろうか。それはその適切さ、正しさを社会が共有し、認識することによってのみもたらされるもののはずである。しかし、その「適正」さを具体化するための議論が、このプロセスにおいて社会に共有されていたとはとてもいえないだろう。

そして一九九一年の答申から四半世紀あまりを経て、ついに二〇一八年の全国営繕主管課長会議による解説書「建築設計業務委託の進め方」では、設計競技（コンペ）がおおむね消滅した。なぜ答申の元来の主旨がこのような方向に歪んでしまったのか。結局初めから、**建築界と行政界では建築の「質」というものに対する考え方が違っていたのである**。一九九一年答申が理念として挙げた「質の高い」建築とは、創造性や革新性を含んだ文化的な存在としての建築を示していた。それは本書第2章で論じた社会の七つの欲望に応えうるようなものだろう。一方で行政が目指した建築の「品質」は、品確法に明らかなように、**既存の価値観の確実な再生産であり、それにもとづいて制度が構築されてきた**。この決定的な意識の乖離は現在でも変わるものではない。

行政がこのように建築の「質」を捉えてきたことには、もちろん理由があるだろう。コンペによって設計・企画提案のみから設計者を選定しようとすると、多くの準備作業や時間、コストがかかり、しかもその結果が事前に想定しきれないというリスクも伴う。また、コンペで選ばれるような創造性や革新性の高い設計案は当然、設計、施工、使用のそれぞれの段階で、多くの未知の困難への取り組みを必要とするだろう。「品質」志向は、そのような手間とリスクを嫌うという典型的なお役所の力学によるものだ、とこれを解釈することは容易い。しかし、それは実は政治や行政だけを覆っている雰囲気ではないのではないか。先進国の中で突出して国民の政治参加意識が低いといわれる日本社会全体が、そのような責任やリスクを負うことを忌避する性質を持ってしまっているのではないか。

第2章で論じたように、コンペというプロセスには、その建築が建つまで「アイデアを連続させる」という作用がある。それは社会文化に影響する大きな力であるとともに、案の選定に対する大きな責任を発生させるものであるともいえるだろう。そしてその責任は本来、役人が負うべきものではない。**社会全体、国民一人一人が、継承と革新の積み重ねによって築き上げられる「文化」というものの価値を理解し、その価値の維持のためにリスクを伴う負荷がかかることを許容することによって初めて、コンペは成立しうるのである。**そのような責任を負うことを人々が受けいれなくなると、結局行政にその責任があるかのような雰囲気となり、既存の価値観に照らして説明できる「品質」しか語られなくなってしまうのである。

「七つの欲望」はもちろん現代日本社会にも潜在しつづけている。そして、潜在する欲望が反映され、しだいに形成された社会のありようこそが「文化」である。しかし序文で述べたように、近代社会が熟成してきた「専門性」依存によって、「いい建築」を議論しあう言葉、つまり欲望を実現する方法を合意する基盤は失われてきてしまった。その結果、**コンペにおいて相応のリスクや責任を負ってもいいという社会的合意、そしてそのリスクを乗り越えて、新しい優れた建築文化を生みだしていけるという共通感覚を、現代日本社会は持ちえていない。**そのことを、この「コンペの消滅」は象徴的に示しているのではないだろうか。

6　建築の専門家はどのように発言してきたのか

ここまで論じてきた公共工事における設計発注方法の変遷を主導してきたのは、当然のことではあるが「発注者」側である国や自治体である。しかし本来、優れた建築という成果を求めるのであれば、そのための知見を最も有する設計専門家たちもその発注システム構築に参画すべきであろう。ところが、その専門家たちは基本的には建築設計業界という「受注者」側に属しており、「発注者」との主従、あるいは対立関係ともいえる立場の違いから、双方の意見をフラットに議論することが難しいという根本的な問題がある。

実際、「設計入札ではなく設計提案競争で発注すべき」という専門家の意見に対して、「入札を回避して設計費を上げようという業界への利益誘導ではないか」という異議が唱えられるようなこともしばしばある。そして、本章で述べてきた〝プロポーザル〟問題のように、専門家による提言とその反映のされ方にはコミュニケーション不全としかいいようのない乖離も生じている。それでも設計という職能の本質に直結するこのテーマについて、専門家たちは繰り返し発信してきた。ここではその主なものを挙げておきたい。

・一九五七（昭和三二）年、業界三団体（日本建築家協会、日本建築学会、日本建築士会連合会）によって、設計競技の規範となるべきものとして「建築設計競技規準」が定められた。これは発注方法全般についての基準というよりは、設計競技の行い方の基準である。報酬規定が問題となって一九七九年に廃止された。

・一九八五（昭和六〇）年、設計四団体（日本建築家協会、日本建築士会連合会、日本建築士事務所協会連合会、日本建築設計監理協会連合会）によって「入札によらない建築設計者の選び方――より良い公共建築を作るために」が発表された。そこでは設計入札という発注方法を否定的に捉え、❶特命、❷面接・ヒヤリング（書類審査）、❸プロポーザル、❹エスキス競技（プロポーザルの一種）、❺公開・指名による設計競技、❻選考委員会（推薦）の六方式からの選定が提言されている。公正な設計競技を推進したいという意図がある一方で、設計競技以外の簡易な方法を多く示していることで相対的には設計競技の位置が弱まった印象もあり、後の〝プロポーザル〟への流れにもつながってしまっている。

・一九九一（平成三）年、日本建築学会が「公共建築物に対する公開設計競技指針――公開設計競技の健全な普及のために」を発表。「いくつもの選定方式が入り乱れて混乱に陥っている感のある昨今の状況に照らして、設計競技とりわけ公開設計競技の持つ重要性を改めて確認し……この方式の幅広い普及をはかるためには、学会の立場において、運用面の簡便性と主催者および応募者の負担軽減に留意しつつ、改めて指針を作成する必要がある」（本文より）という主旨で、欧米の方式の検証などから設計競技の具体的な方法の種別と指針を示した。

・一九九九（平成一一）年、日本建築家協会が「入札にかわる設計者選定方式の提言――質の高い公共建築をつくるために」を発表。内容は以下のとおり。

Ⅰ設計者を選定するにあたって、望ましい手法は次の四方式である。
❶特命方式　❷設計競技方式　❸プロポーザル方式　❹資質評価方式

Ⅱ発注者は、プロジェクトの特性を勘案して、上の四方式の中から適切な方式を選ぶべきである。

Ⅲ従来行われてきた「設計入札」、およびこれに類する手法は、廃止すべきである。

Ⅳ上記に伴い、「会計法」、「地方自治法」等の既存法にとらわれない、「公共工事調達法」

といった新しい法令を制定する必要がある。

この提言の最大の注目点は、「会計法」、「地方自治法」自体を問題視したところにあるといえるだろう。設計入札から随意契約へ、という提案においては、最終的にはこの法規制へのアプローチが必要となることは、後（二〇一七年）の日本学術会議の提言にも示されることとなる。

・二〇〇三（平成一五）年、業界五団体（建築業協会、日本建築家協会、日本建築学会、日本建築士会連合会、日本建築士事務所協会連合会）が「公共建築の設計者選定方法の改善についての提言」を発表。「設計入札に適する公共建築は基本的にはありません」とし、それに代わる選定方法として、❶選定委員会の推薦、❷設計競技方式（コンペティション）、❸プロポーザル、❹資質評価方式（QBS）、❺各種技術提案等による総合評価システム、が挙げられた。❺の総合評価システムはいわゆる「デザインビルド」方式であり、設計団体の提言においては新しい提案であった。

・二〇一四（平成二六）年、日本学術会議（土木工学・建築学委員会　デザイン等の創造性を喚起する社会システム検討分科会）による提言「知的生産者選定に関する公共調達の創造性喚起」が発表された［▼8］。建築家の仙田満を委員長とする分科会の審議結果をまとめたものであり、中心となる提言は、日本における「会計法」「地方自治法」を根拠とした「入札」という公共発注方式が知的生産者の選定においては適切ではなく、「コンペ」「プロポーザル」といった方式を原則とする制度の整備が必要、というものである。現行の発注方法や歴史的経緯についての詳細なリサーチと分析を行っており、本書も同提言から多くの情報を得ている。

・二〇一七（平成二九）年、日本学術会議（法学委員会・経済学委員会・土木工学・建築学委員会合同　知的生産者の公共調達検討分科会）による提言「公共調達における知的生産者の選定に関わる法整備――創造的で美しい環境形成のために会計法・地方自治法の改正を」が発表された［▼9］。ここでは二〇一四年の提言を継承し、法学、経済学の観点からも法改正の必要性が明言されている。

7　コンペを継承していくために

本章で見てきたように、設計者の選定にはいろいろな方法論がある。なぜこんなにもいろいろな方法が考えられているのか。それは一言でいえば、設計者を適切に選択するということがとても難しいからである。それは「いい建築」を得ることの難しさと同義でもある。既存の建物や規格化住宅などを買う場合を別とすれば、建築は一般的な商品やサービスと比べて、購入の決定時点、つまり設計の発注時点で、どのような成果物（建築）が得られるのかがかなり見えにくい。さらにいえば、その建築が建った後でさえ、それが最も良い成果であったのかというような検証は不可能に近い。だからこそ、可能なかぎり確信の持てる設計発注が必要とされ、そのための試行錯誤の結果がこれらの多様な方式概念なのである。そして解説してきたように、どのような方式をとったとしてもそれなりに問題やリスクを抱えることにはなる。

第2章で述べたように、コンペは、結果としての建築の姿をいちばん予想・検証しやすい発注方式ともいえる。定量的には測れない多岐にわたる文脈が統合された「いい建築」を予測し、共有するためには、結局、建築そのものの姿を見て感覚するしかない、と考えるならば、コンペは設計発注の理想形のはずである。ところが本章の初めに述べたように、現代日本ではコンペは公共工事でも民間工事でもめったに実施されていない。特に「国の方針」や「公正さ」といった制約のない民間工事では、手間暇のかかるコンペやプロポーザルがほとんど行われず、大部分が特命発注となっている。

本来、コンペの原動力は人の、社会の欲望である。現代日本社会において「文化」というものの価値に対する合意が脆弱であることがコンペ衰退の要因ではないかと先述したが、それでも、新しいもの、変化への可能性への欲望は必ず社会に潜在する。現代日本では十分には機能していないコンペが、再び社会の欲望に応えうるものと認識されるならば、その時コンペ社会が「いい建築」を得るための効果的なツールとなるだけでなく、社会の重要な文化基盤ともなりうるだろう。本章までの分析をもとに、いよいよ次章、そのようなコンペ変革の提案を行いたい。

第4章

「いい建築」を合意するプロセスへ

——ポスト新国立競技場の建築コンペ像

コンペはその原理として「選択」を行う。選択とは、多くの案のうち一つを除いて排除することであるともいえるだろう。しかし、あらゆる時代におけるコンペの原動力が、建築の可能性の広がりを求める社会の欲望であるのだとすれば、その選択は「ベストとみなせない可能性を消去する」という排除の論理では、本来あるべきではない。ところが、あまりにも都市や社会が複雑化した現代社会において、「いい建築」を得るための理念やプロセスが単純に定められるものではないことも述べてきたとおりである。そのような状況下では、多くの社会的な選択は無難で保守的な方向——すなわち不確実な要素の排除——に向かいがちなのである。それは現代社会を覆っている、社会的コミュニケーション、合意といったものに対する一定の諦めが導いた意識ともいえるだろう。そしてそれはまた、その結果自体まで社会から否定されてしまうような、コンペの機能不全の背景ともいえるのではないだろうか。

いま、排除の論理ではない新たなコンペ概念を確立できなければ、コンペは社会におけるコミュニケーション基盤、文化基盤としての意味を失っていくだろう。そしてもはや、ただ設計提案や建築家を選択するという従来の概念だけでは不十分であるとするならば、**これからのコンペは何を合意するものであるべきか**。本章ではそれを提案していきたい。

1 「善きもの」としてのコンペ

それでもコンペは実施されている

「新国立競技場基本構想国際デザイン競技」（二〇一二年）は、まさに「設計案を競う」という王道の国際設計コンペであったが、その結果は第1章に記したとおりとなってしまった。この《新国立競技場》完成までの顛末が、すなわち現代日本社会においてコンペ方式による設計発注自体が適切でないということを示すわけではなく、要はコンペを行うべきではない状況で、ただ「象徴的な建築だから設計コンペ」という固定概念で性急にコンペが実施されたということが最大の問題であった、ということをそこでは論じた。

従来のコンペでも適切な状況と運営が揃えば十分に機能しうることを示す一例として、同じ二〇一二年に実施された「岐南町新庁舎等設計者選定設計競技」（岐阜県羽島郡岐南町）を挙げておこう。これは三次審査となる公開審査の最後まで提案者の匿名性が保持されるという、純度の高い設計コンペであった。自治体と日本建築家協会の協力という体制による透明性のあるコンペ運営を経て、結果として選ばれ、完成した建築は地域の活動において大きな役割を果たしている。

しかし、本書をここまで読み進めてきて、設計コンペという形式はもう現代日本社会においては有効性を失ってしまっているのではないか、旧態依然とした、時代にそぐわないものなのではないか、という印象を持った人もいるだろう。そして、そのような社会感覚に呼応するように、前章でも示したとおり、「設計案を競う」という旧来の形式の設計コンペは明確に減少傾向にあり、多くは〝プロポーザル〟という名称のものに変化してしまっている。「プロポーザル」と「書類審査」の二方式を合成した〝プロポーザル〟は、複数の提案を比較して優れたものを選ぶという本来の提案競技の主旨とはずれてきているようにも見えるが、その性格の曖昧さゆえに実際のプロセスはまちまちであり、きわめてコンペに近いものもあれば、書類審査どころか特命に近いのではないかと思われる実情のものもある。そして完成した建築には当然、評価の高いものもあれば、問題が多いものもあるのだが、その最終結果に、その入り口であった〝プロポーザル〟のプロセスがどのように影響したのか、なかなか確認のしようがない。設計者の選定方法と、結果としての建築の質はもちろん大きく関係しているはずなのだが、的確かつ切れ目のない計画プロセスの記録が存在しなければ、それを関連づけて検証・評価することは難しいのである。

重要なことは、まずは**設計発注段階で十分な検討が行われ、その建築計画の置かれている状況にふさわしい――と合意された――設計者選定方法が選ばれることであろう**。とはいえ、現代における建築計画をとりまく多様な状況には、旧来の「コンペ」「プロポーザル」などの方法からの選択だけでは対応しきれなくなってきていることもしばしば実感させられる。

そのように都市や社会のコンテクスト（文脈）が複雑に錯綜し、また《新国立競技場》問題のときがそうであったように、象徴的な公共建築計画に対する風当たりが強くなりがちな社会状況の中で、コンペによる成功体験を社会にもたらしていく道はかなり険しいようにも思える。

しかし、絶望するべきではないだろう。多くのコンペ事例を見るにつけても、実はコンペを実施すること自体が民意によって否定されたことはあまりない。二〇〇二年に東京工業大学仙田満研究室が横浜市民二八三名を対象に行ったアンケート調査によると、「今後、より良い建築を作っていくためにはどのような方法で設計者を選べばよいと思いますか」という質問に対して、八六%が「コンペ（設計競技）（複数の人に案を競わせ、良い物を採用）」と回答している［▼1］。コンペに懐疑的であると思わざるをえないことも多い行政のスタンスとは裏腹に、コンペがもたらすものへの人々の期待感は決して衰えてはいないのである。その事実は、建築・都市環境に対する改善の可能性への欲望がいまなお尽きず、きちんと自覚されてはいなくとも社会の潜在意識として存在しつづけているということを示唆している。そしてまたそれは、コンペが優れた価値を建築にもたらすということを社会に示すチャンスがまだ残されているということでもあり、本論を大いに勇気づけるのである。

ところが、こうした社会の欲望に応えるというような理念は、理念としては問題なくとも、適切に実践することが難しい。これらの欲望の具体的な発現のしかたはその瞬間の社会のコンテクストと不可分であり、矛盾をもはらみつつ複雑に錯綜するそれらのコンテクストに、決められた形式によって完全に対応するなどということは不可能に近いだろう。それゆえ、**時代に応じて更**

新されたコンペの概念と方法論が、常に求められるのである。

民間におけるユニークなコンペ
――《ルーカス・ミュージアム・オブ・ナラティブ・アート》

近年、その計画のプロセスが世界的な話題となった建物の一つとして、アメリカ合衆国、ロサンゼルスに建設中の《ルーカス・ミュージアム・オブ・ナラティブ・アート》（以下、《ルーカス・ミュージアム》）が挙げられるだろう。『スター・ウォーズ』シリーズなどで知られる映画監督のジョージ・ルーカスが、自身の収集したアートや記念品などのコレクションを収蔵・展示するための美術館であり、二〇一三年に構想が発表されてからその建設敷地の度重なる変更、そして著名建築家たちを集めてのコンペなど、話題に事欠かない計画でもあったが、二〇一八年についに着工、二〇二一年に建物が完成する予定となっている。

当初のサンフランシスコからシカゴに建設敷地が移ったときに、ルーカスはザハ・ハディド、OMA、MADアーキテクツなど著名建築家たちを集めたプライベート・コンペを実施し、MADアーキテクツの案を採用した。ところがその後、シカゴにおける計画が頓挫し、またもや新たな候補敷地を選定しなくてはならなくなってしまう。その際には、サンフランシスコとロサンゼルスのそれぞれの敷地にMADアーキテクツが異なった形状の建物を計画することで、設計者を固

Fig. 23 《ルーカス・ミュージアム・オブ・ナラティブ・アート》
設計：MADアーキテクツ（2021年完成予定、ロサンゼルス）

定して建設敷地を競わせるというきわめてユニークなコンペが実施された。そして最終的に、ロサンゼルスのエクスポジション・パークでの建設が決定したのである。

これは民間主導のプロジェクトであり、また決して理想的なプロセスで進行したとはいえないものではあるが、自由な形式とコンセプトでコンペが展開された成果は、常に地域や社会と共有されていた――それに対する反対運動などの紆余曲折も含めて。またこの複雑な状況において、まず建設地や計画内容を決定してから建設委員会を組織して実施するような旧来の形式のコンペを繰り返していたら、この計画はさらに長い期間にわたって混迷していたかもしれない。

形式的なコンペの概念に縛られないこの《ルーカス・ミュージアム》のコンペ（このプロセスをそう呼ぶならば）は、いくつかの際立った特徴を持っている。まず、**ある一時点で一気に計画内容や設計体制の大半を決めてしまうような進行ではなかった。**これは結果的にそうなったともいえるが、それを許容するプロセスであった。また、**提案の選定、情報の発信をはじめとした社会とのコミュニケーションにおいて、ジョージ・ルーカスという「顔」が見える計画であった**ことも大きな特徴であったといえるだろう。

建築はまだ完成していないが、このあまりにも特殊な状況とプロセスのコンペが優れた成果を得たことは示唆に富む。それは力強く建築を生みだすコンペというシステムが、従来の形式にこだわらなくとも成立すること、より柔軟に現代的な状況に対応できることを示すと同時に、現代において機能不全に陥りがちなコンペ方式の課題を照らしだしているようにも見えるのである。

2　現代社会におけるコンペの弱点

《ルーカス・ミュージアム》が照らしだす二つの課題

第2章では、コンペの背景にある社会の七つの欲望を挙げた。これらの欲望が、きちんと自覚されてはいなくとも現代社会にもたしかに潜在し、まだ「コンペ」が人々に期待感を抱かせていることは、先述したとおりである。では、なぜコンペはこれらの欲望に応える力を持ちえてきたのか。その理由が、まずは広く多くの知見を集めるというコンペの基本原理にあることは間違い

便益への欲望	「便利で利益のあるものをつくりたい」 より機能の高い建築をより安価に得る。優れた技術を得る
美麗への欲望	「美しいものをつくりたい」 優れた美を得ること。新しい美の創造
継承への欲望	「新人に機会を与えたい」 文化の継承のためのシステム。新しい血をもたらす
似姿への欲望	「「われわれ」にカタチを与えたい」 国家など、集団のアイデンティティの創出
調和への欲望	「すでにある環境に合うものをつくりたい」 自然・人工環境との調和を図る。さまざまな問題の調停案を得る
公平への欲望	「つくるものを公平に選びたい」 社会的に公平な建築プロセス。そのプロセスの公開
破壊への欲望	「いままでにないものをつくりたい」 概念や秩序に対する革命的な破壊と創造

Fig. 24　第2章で挙げたコンペが応えうる社会の7つの欲望

ない。しかしそれだけではなく、そのプロセスを社会が共有することによって、選ばれた案にこめられたアイデアを実現にまで導く「連続性」がもたらされるという特質もまた、コンペが強度のある建築表現を生みだす重要な力であることをそこでは論じた。

ところが、《ルーカス・ミュージアム》における「連続性」は、設計案の力のみによってもたらされたものではない。MADアーキテクツによる設計案のアイデアが今後実現されることは、その案がロサンゼルスの最終候補地に提案される以前から連続してきたプロジェクト・プロセス――シカゴの敷地で行われたコンペも含めて――の連続性によって担保されている。その連続性がなければこのプロジェクトはより混迷を深めていただろう。複雑な状況に晒された プロジェクトにおいて一貫した理念を持続させることは容易ではないが、ここではやはりジョージ・ルーカスという個人の存在の力が大きく作用している。その存在によって、集めた知見からの選定に正当性が与えられ、社会とコミュニケーションし、そしてプロジェクトの理念に連続性が与えられたのである。

ここで、このコンペからも象徴的に読みとれる、現代社会におけるコンペの課題を二つ挙げたい。

①一時点で設計条件や設計案を決定することのデメリット

②社会的合意を形成するコミュニケーション基盤としての機能不全

本書で繰り返し観測してきた、現代社会においてコンペが機能不全を起こしている要因を、本書なりの見解でまとめるとこの二点となる。この二つの課題は、コンペの推進力ともいえる二つの力が減退した状況の問題として言い換えることもできる。つまり、①は建築の「案」の力のみで建築プロジェクトに連続性をつくることが困難になってきている状況、②はコンペで広く集めた知見の中から「いい案」の選択を合意するような社会のコミュニケーション力が低下している状況を示している。

コンペ概念の変革を目指すために、まずはこれらの課題について分析したい。

① 一時点で設計条件や設計案を決定することのデメリット

コンペやプロポーザルといった提案競技を行うためには、求める提案の詳細度に応じたレベルであらかじめ設計条件が決められていて、それが正確に要項に提示される必要があることはいうまでもない。しかもその提案によって設計者を選定するのだから、コンペ前の、設計条件の前提となる計画プログラムを決定する段階には最終設計者は当然参加していない。また、設計者が選定された後に設計条件を大きく変えてしまうようなことも、提案競技による選定の公正さの観点からいえば適切ではない。以上のようなことは、提案競技を実施する際の大きな制約であり、ある程度までの基本的な設計条件――たとえば敷地・工事費・工期・用途など――が確信をもって決定できないような状況であるならば、提案競技を行うべきではない。これは本書で繰り返し論じてきたことである。

現代日本において、災害復興など特殊な場合を除けば、住むための場所、働くための場所がなくて困って建築を建てるというような切実な状況は少ない。このような都市インフラの整った段階の社会において、建築の設計条件は、実はなかなか簡単に決定できるものではないのである。日本全体で見るならば、住宅も、オフィスも、日本国民全員が必要とする数をはるかに超えるほどすでに存在している。その他の社会インフラとなる施設についてもおおむね同様である。戦後の復興期のように、国全体で住宅が不足し、また市庁舎や学校、文化施設などの基本的な公共建築がない地域もある社会では、そのような建築を建てることには議論の余地のない必然性があった。だが、それらが一通り満たされ、むしろ**建築ストックをもて余しているような現代における建築計画は、本来、まずは「本当に建築をつくるべきか」という議論から始めなければならない**はずなのである。

また、つくるとしても、それは「図書館」「コンサートホール」「事務所」などといった旧来の単純な用途だけを満たせばよいものではないだろう。前述のようにそれらの機能空間が切実に不足しているという状況は稀である。**二回転目の公共建築は、困窮を抜けだすためではなく、現在よりもより優れた生活、環境を生みだす「いい建築」が得られるという改善の可能性のビジョンによってつくられるべきものなのである。**グローバル化、複雑化した現代社会において、かつてのように一つの建築提案のイメージだけを手がかりに「いい建築」の全体合意が得られるようなことは、もはや困難、あるいは不可能であるともいえるだろう。

実際、民間・公共の多くの建築計画では、プログラム→設計→プログラム修正→再設計というサイクルを繰り返しながらその理念や工事コストも含めた設計条件が何度も再検証され、独自の形に練り上げられていくことが多い。民間なら異業種のコラボレーション、公共なら住民参加のワークショップなど、建築計画を構築していく方法も多様化してきている。このように建築が建てられる意味自体が問われるような成熟した都市社会において、序盤の一時点で明確に設計案や設計体制を決定し、その案が最後まで連続することが前提となる従来の提案競技方式は、多様性・曖昧性を持った建築計画の進行とは馴染みが悪く、かえって足かせになる可能性も高いだろう。このような、現代における一般的な計画進行との親和性の低さも、コンペ衰退の一因であることは間違いない。

《新国立競技場》では、予算や敷地などの点で無理のある設計条件が提示されてコンペが実施され、それが問題となった後でも設計条件が大きくは変更されず、それが足かせとなって結局はコンペの結果を白紙撤回せざるをえなくなってしまった。つまり、設計条件の連続性へのこだわりが、かえってプロジェクトの連続性を断ってしまったのである。対して《ルーカス・ミュージアム》は、コンペの後に敷地を変更せざるをえないという非常に不安定な状況においても、選ばれた設計者に異なった敷地に二種類の建築を設計させて比較するといった柔軟な方法でプロセスを継承し、プログラムを完成させていった。

このように、成熟した都市社会における建築計画では、一時点で設計条件や設計案を決定することのデメリットが大きいことは多い。それはすなわち、提案競技をすべきではない状況ともいえる——初めに設計条件とそれにもとづく設計案を決めて、それを実現するために努力する、というプロジェクトプロセスのイメージがコンペというシステムの成立条件だとするかぎりは。逆にいえば、**コンペがこの課題を乗り越えていくためには、その前提となるプロジェクトプロセスのイメージを変革しなければならないのである。**

②社会的合意を形成するコミュニケーション基盤としての機能不全

序文でも述べたように、近代社会においては、高度に進化した技術を社会が享受するために、「専門性」と「総合性」が大きく分離してきた。「専門性」とは限定的な理論・技術体系の中で、高度な知識や情報にもとづいて論理的に対象を分析する判断力――つまり専門家の論理――である。それに対して「総合性」とは、社会全体のように論理では分析しきれないほど多様なコンテクスト（文脈）が錯綜している状況を俯瞰して、総合的、感覚的に対象を捉える力――つまり一般社会の判断力――である。

一八世紀以降の産業革命、情報革命によって急速に高度な技術を獲得してきた近代社会において、専門的で複雑な技術の理解を放棄するということは、人が、その豊かな恩恵を享受するための必要条件となった。そして二〇〇年以上にわたる「近代」の深まりを経た現代、私たちはもはやまったく原理のわからない事物を理解しようともせず、畏怖の念も抱かず、使い続けることに慣れてしまった。たとえば、その原理も安全性も理解できない原子力発電所を許容することに始まり、やがてそのような発電所の存在すらほとんど意識しなくなり、ただ無限に送られてくる電力を使いつづける。あるいは、破損したら自分では直すどころか中身に触れることすらできない電子装置や情報ネットワークに、ためらいもなく自身のアイデンティティの大半を預けている。「よく理解できないものでも、恐れずに利用できる、その価値を認められる」という感覚は、近代に熟成されてきた、きわめて現代的なものであるともいえるだろう。

そして現代日本における「総合性」は、実体のない雰囲気のようなものとなっている。インターネット、SNSなどが、曖昧さや大衆性を帯びた「総合性」を生みだしている。それは本質的な「総合性」とはいえないのかもしれないが、しばしばダイレクトに社会の価値観の形成に影響している。このような縮退した「総合性」と、独善的な「専門性」が、互いに距離を置くことによって同時に形成されてきてしまったのである。このことの問題は、**判断の結果に問題が生じた場合に、その責任を社会全体が負うという意識が失われることである。**あえて蚊帳の外に身を置く縮退した「総合性」は、その欲望をかなえるために負ったリスクの責任まで「専門性」に負わせようとする。それこそ、社会が判断力を失った状態であり、コンペの機能不全の背景でもある。

本章冒頭で述べたように、コンペはその原理として「選択」を行う。そして、「選択」には基本的な対立構造がある。言うまでもなく「選ぶ者」と「選ばれる者」という構造である。公共建築の場合には「選ぶ者」は社会であり、一般市民やその代表者となろう。「選ばれる者」は建築家（設計者）という専門家である。そして、この対立構造こそコンペの最大の特徴であり、存在意義でもある。**対立という緊張感を備えた関係性こそが、社会に議論や検証というコミュニケーションとそのプロセスの透明性、そして双方がその建築に対して責任を負っているという意識をもたらすのである。**

「総合性」と「専門性」のあいだで

この「選ぶ者」と「選ばれる者」は、このように本来は、「総合性」と「専門性」によって担われるべき役割である。たとえば、第2章で挙げた《イギリス議会議事堂》のコンペでは、その設計案の選定委員会の全員が元議員という建築の専門家ではない総合性の担い手によって構成され、そこで様式論争を含めた熱い議論が繰り広げられた。

しかし、現在のコンペでも同じように政治家や市民代表のみの委員会、あるいは、市民投票のような手段によって設計案を選定すれば「いい建築」が得られるかといえば、もはやそうとはいえないだろう。建築に要求される機能や施工技術、それをとりまく都市・社会・技術のコンテクストは、とても「総合性」だけでは判断しきれないレベルになってしまっているからである。あるいは、そのような判断力を備えたレベルの「総合性」を社会が失ってしまった、と言い換えることもできるだろう。

そのようなわけで現在のコンペの多くにおいては、「建築の専門家が主体となった委員会が、建築家を選ぶ」という「専門性」の中に閉じた方法がとられるのである。そこでは「総合性」と「専門性」の緊張感のある対立構造は失われ、コンペの存在意義でもあるコミュニケーション基盤としての機能は発現しない。すると「何のために建築を建てるのか」といった、本来は総合性によって議論されるべき問いかけまでが曖昧なままにされたり、一般社会と共有されなかったりしてしまう。そして、その歪みがなんらかのきっかけで社会問題として噴出するような事態となるのである。本来、コンペを経た建築設計に何か問題があったとするならば、その責任は「選ぶ者」と「選ばれる者」の双方にあるはずである。しかし、**それが「専門性」に閉じた選考となっていては、一般社会は蚊帳の外にいた被害者という意識にならざるをえないだろう。**つまりこれは、コンペという行為の意義や性質が、それが実施される基盤であるはずの社会に理解されていないという問題なのである。

《ルーカス・ミュージアム》においては、「選ぶ者」としてジョージ・ルーカスという総合性があり、またその視点からの社会への情報発信が積極的に行われた。一見型破りなプロセスに見えるが、そこでは公開された、「総合性」と「専門性」の熱いコミュニケーションがたしかに成立していた。

ここで、《新国立競技場》のコンペの問題点をいま一度思い返すべきだろう。一回目のコンペで起こった問題の本質は、設計の内容やプロセスの透明性というよりは、専門家と一般社会のコミュニケーション、相互理解の不全であった。そして、その後に起こった社会的な議論こそ、はからずも「総合性」と「専門性」の対立構造が現出した状態であった。もしこのような議論がコンペの要項作成や審査段階で起こっていたならば、まさに意義深いコンペとして歴史に刻まれたことだろう。とはいえ遅ればせながらもコンペ後の騒動は、建築やコンペが基盤となって「総合性」と「専門性」が真剣に向かい合う、文化的にも重要な社会的コミュニケーションとなりつつあった。

ところが、このコミュニケーションは政治による「白紙撤回」によって断ち切られた。そして二回目のコンペでとられたデザインビルド方式の設計・施工者選定は、専門家にさらに多くの責任を負わせ、発注側の安全性を担保するという退行した方法論であり、盛り上がっていた社会と建築計画のコミュニケーションを一気にトーンダウンさせるものであった。そして、このことが社会に、建築に対する諦念を生じさせたと第1章では論じた。

このように本来は「総合性」と「専門性」の緊張感のあるコミュニケーションの場であり、現代社会が失いつつある「総合性」の判断力を喚起する機会ともなるべきコンペというプロセスが、あっけなく否定されてしまった。その否定は為政者のみが行ったものではない。政治、マスコミ、一般市民の多くを含めた社会全体を覆っている、「総合性」の判断責任を担うことから逃げ腰の空気が、それをもたらしたのではないだろうか。

3　コンペという概念を更新する

コンペは何を選んできたのか

「選ぶ者」が、本来の主体であるべき一般社会ではなくなって、専門化してしまっている問題を提議したが、では「選ばれる者」とは誰（何）なのか。前節では「選ばれる者」である専門性を象徴するものとして設計者（建築家）を挙げたが、第2章、第3章で述べたように提案競技が選定するものはあくまで「案」であり、匿名審査が原則であるため設計者が直接選考対象そのものとなるわけではない。それでも設計者を選んでいるといって間違いではないのは、「建築＝建築家」という前提が一般通念となっているためである。

西洋のルネサンス期以降、近代に向かって建築家という職能が確立されるにしたがって、社会の通念として「建築」の文化的な質を象徴する存在は「建築家」となった。そしてそれはコンペの普及、成熟とも連動してきた。現在、建築に作者名が冠されるような場合には、建築主や職人ではなく建築家の名が記される。その「建築＝建築家」という概念が、旧来のコンペの根底にあることは間違いない。しかし、ここまで挙げてきたように、**現代における多くの建築計画は、ある明確な条件が提示されて、それに設計者が形を与えることによって建築ができる、という単純なプロセスで生みだされるものではなくなってきている**。それはコンペの概念とともに、建築家という職能の概念も変化すべき局面であることを意味しているのかもしれない。

二〇一八年に行われた「下田市新庁舎建設設計・工事監理業務プロポーザル」（静岡県下田市）では、最優秀者として安井・池田・堀越英嗣ＡＲＣＨＩＴＥＣＴ5設計共同企業体が選定された。この組織設計事務所＋地元設計事務所＋建築家という設計業務体制自体が提出された提案に含まれており、これは過去の実績や業務体制が参加資格や評価に直結する〝プロポーザル〟に対する応募側の合理的な対応であるともいえるだろう。こうした設計共同企業体を組織しての応募、当選も近年の〝プロポーザル〟でしばしば見られるようになってきている傾向である。このように発注者、応募者の双方において〝プロポーザル〟方式が定着してきていることと、「建築家（設計者）」という概念が変化してきていることは、相互に影響しあっていると思われる。

こう考えてくるとやはり、先述したように多くの場合、設計提案の選定というプロセスだけでは、社会的な合意のためのコミュニケーションとしてはもはや不十分となってきていると考えられるのではないか。そしてコンペが、ただ設計提案や建築家を選ぶ、という概念を超えていくとするならば、それは何を合意するものとなるべきなのだろうか。

これからのコンペは、「「いい建築」を合意するプロセス」

優れた設計提案を選定するというプロセスは建設計画において言うまでもなく重要であり、そのような競争が行われることが、挙げてきたような社会の「欲望」に応えるという点で、現代社会においても機能しうるものであることも間違いない。それゆえ、いまコンペが機能不全を起こしがちであったとしても、一概にそれを切り捨てるべきではないと考える。ここではコンペの再生のために、挙げてきた二つの課題——①一時点で設計条件や設計案を決定することのデメリット、②社会的合意を形成するコミュニケーション基盤としての機能不全——を乗り越えていくコンペの姿を提案したい。

建築をとりまく社会や都市のコンテクストが高度に複雑化している現代、それぞれの建築において求められる設計の役割も多様になっている。そのような多様な要求に対応するためには、コンペという段階で一気に設計内容・体制の大半を決めるという旧来のコンペの形式にとらわれるべきではないことは、すでに述べてきたとおりである。一方でそのような形式の枠組みを解体してしまうと、今度はどのように設計発注を行うかを計画ごとに検討しなくてはならなくなるだろう。しかもコンペが持っている、「アイデアが連続する」という特質によって生みだされる建築表現としての強度が失われてしまっては意味がなくなるので、その設計発注を含んだプロセスの構築は明確な目的意識が共有された精度の高い検討作業を要するものとなるだろう。

しかし、それを余計な作業と考えてはいけない。その検討段階の議論こそが「専門性」と「総合性」を結びつけるプロセスであり、それにもかかわらず旧来のコンペではブラック・ボックス化してしまいがちであった部分なのだから。その議論の主たる目標は、その計画が設計に何を求めるのかの合意である。それはすなわち、「何のために建築を建てるのか」、「いい建築とは何か」という合意にほかならない。

ここにおいて、これからのコンペのあり方として「**「いい建築」を合意するプロセス**」となることを提唱したい。これは、「**計画がスタートしてから、建築設計を発注するまでの全プロセスを「コ**

ンペ」として考える」という概念である。初めにその建築計画の基本的な理念を議論して形成し、次にその優れた成果のために適切なプロセス計画を構築し、その中で設計にどのような役割を求めるべきかを検証し、それに応じて設計発注方法をデザインし、提案や資質にもとづいて設計者を選定する。そしてそれらのプロセスのすべてが社会的に共有、審査されるという概念こそ、これからのコンペが発信すべきものだと考える。もちろんコンペが一義的には「設計案・設計者を選ぶための競争」であることは変わらないが、建築を生みだすという大きな営みの中で、設計（者）がどのような役割を果たすのかについて事業主体や社会が合意するためのプロセスともなることが、この提案である。

元来、コンペによる設計発注には二重構造の合意が内包されていなければならない。「**どのように選定を行うか」という合意**と、それにもとづいて「**どの設計案**（設計者）**を選ぶか」という合意**である。旧来のコンペは一般的に後者の合意プロセスに重点をおいて評価されてきたが、前者のプロセスは実はそれ以上に、結果としての建築への影響度が大きい。なぜならそのプロセスは、より優れた建築を得るという可能性の射程の広がり、そしてその確度を大きく左右するはずだからである。

それにもかかわらず「どのように選定を行うか」の合意は軽視されてきた。《ルーカス・ミュージアム》の場合のように、明確な個性という事業主体がある特殊な場合は別として、この合意こそ社会的に共有され、評価が蓄積されなければならないはずである。そして、それは「総合性」によって判断されるべきものであり、その「総合性」が、設計者、つまり「専門性」を選定するという構図となる。このときコンペは「専門性」と「総合性」が向かい合い、コミュニケーションするプラットフォームとなるのである。

「いい建築」を、「建築（設計）の質」のみに帰するものとすると、どうしてもその審査、判定の主体は専門家にならざるをえない。しかし、「どのようなプロセスでつくられたか」もまた、社会の合意たる「いい建築」の条件だとするならば、それは「総合性」の視点でこそ測られるべきである。そして、この二つの合意プロセスを包括するコンペ概念として、「「いい建築」を合意するプロセス」を提唱する。つまりこの呼び名は、「**「いい建築」の合意**」**こそが、プロジェクト・プロセス全体に連続性をもたらす新たな柱となる**ことを意味しているのである。

では「**「いい建築」を合意するプロセス**」としてのコンペは、どうすれば実現できるのだろうか。述べてきたようにそれは多様で複雑な建築計画のプロセスに呼応するものであるから、当然、ある決まった形式として定められるべきものではない。どちらかといえばそれは、現在の設計発注方式から自由度を奪い、旧来のコンペ概念へと拘束する枷となっているような障害を取り払う、という変革によって実現されていくものであろう。

次節からは、その、コンペ解放のための方法を提示していきたい。

4　これからのコンペのための三つの提言

(1) 公共設計発注業務の外部化

そもそもなぜ、公共建築の「設計」は外注されるのだろうか。かつては各省庁に営繕部が存在して施設設計を担っていたし、現在でも国土交通省はもちろんのこと、多くの自治体は設計能力を持った建築士を多数抱えている。もしいま以上に人員が必要ならば、それに応じて増やすこともできるだろう。それでも現在、基本的に公共建築の設計が外注される（形式的に行政機関による設計の下請けという扱いになることもあるが）のは、より優れた成果を得るためには、より広く、専門的な能力を民間に求めることが適切であるという考え方によるものだろう。なにしろ日本には世界の国々と比較して最も多いと思われる約一〇万件の登録建築士事務所が存在するのだから、この考え方はきわめて合理的である。

一方で、その「設計の発注」は行政が行うことがほとんどである。現在の公共建築のコンペやプロポーザルも、基本的には行政が主体となって実施されている。これはあたりまえのことのように思えるかもしれないし、もちろん行政は社会における「総合性」の担い手であるべきであるからこのことを完全に否定することはできないのだが、コンペの運営自体も問題となった《新国立競技場》の例のように、「行政が設計発注を主導する」というプロセスにはいくつかの決定的な欠陥がある。

第一の欠陥は、**発注における専門性の不足である**。なにしろ発注前であるから、当然まだそこには設計実務の専門家がいない。そして、建築の計画というものには二つと同じものがなく、そのたびごとに異なったものである。そのような状況で、その計画にふさわしい設計の専門家をどのような方法で選ぶべきかという判断を適切に行うことは、相当にそれをやり慣れた行政機関であっても難しいことだろう。そして、責任を持った判断を行うだけの能力が不足する場合には、結果としてそれまでの慣例に倣うか、「建築設計業務委託の進め方」（第3章参照）のようなマニュアルに従って型どおりの発注が行われることになってしまう。それは、たとえトラブルとして顕在化するようなことにはならなくとも、建築計画プロセス、さらには建築自体の可能性を大幅に制限する結果に結びついているのではないだろうか。「最初に専門性なく専門家を選ばなければならない」というこの問題は、公共建築やコンペ方式にかぎった話ではない。このような、建てることへの「入り口」の難しさは、建築と社会の距離を遠ざけている大きな要因となっている。

第二の欠陥は、**プロセスの記録と透明性の不十分さである**。設計発注の方法が、結果としての建築の質や評価に大きく影響することは間違いないことであり、そこでは多くの成功や失敗が繰り返されている。本来、そのようなプロセスと結果の因果はきちんと記録され、次の設計発注に活かされるノウハウの蓄積となっていかなければならないものだろう。しかし行政の常として、特に失敗に結びついたようなプロセスはよほどの強制力が働かないかぎり詳細な記録が残されないことが多い。実際にコンペやプロポーザルが行われた場合でも、議会承認された「建築の基本構想」のような書類と、要項や応募案、審査過程などが載せられた「コンペの記録」を目にすることは多いが、そのあいだをつなぐ部分、すなわちどのように、誰が、発注者選定方法やコンペ要項の詳細を作成したのかというような記録はほとんど見たことがない。第1章でも記したように、あれだけコンペ要項の内容が社会問題となった「新国立競技場基本構想国際デザイン競技」においてさえ、その部分は明確には公開されていないのである。

第三の欠陥は第二の欠陥とも連動するものだが、**結果責任のフィードバックの不可能性である**。結果として生みだされた設計や建築に何か問題があった場合、本来ならばその起点となった設計発注プロセスに対する責任追及もなされなければならないはずである。逆に良い結果が得られた場合には、その発注プロセスはきちんと評価されるべきである。そうでなければより良い発注を模索する熱意も生まれにくいだろう。しかし、その発注責任者が自治体などの行政機関である場合、不手際の責任をとって次回の事業計画にはかかわらない、ということにもできない。行政組織というものは、そのような決定的な責任追及を回避できる特権を持っているのである。そして、そのようなフィードバックができないならば、詳細な結果と過程の記録や検証を行ったとしても意味はない。これも「新国立競技場基本構想国際デザイン競技」の結果が白紙撤回にいたった後、第三者委員会の報告書も待たず即座に同じ主体（文部科学省文教団体である日本スポーツ振興センター）によって再コンペが実施されたことを見ても明らかであろう。

こうして見てくると、設計発注という難しいプロセスを行政機関が主導すること自体に無理があるように思われないだろうか。先述した「岐南町新庁舎等設計者選定設計競技」では、過去に公開コンペを行ったことがなかった岐南町が日本建築家協会（JIA）に協力を依頼し、そのバックアップによって質の高いコンペが実施された。このようにいわゆるアドバイザーとして専門家や専門機関が入る事例も近年特に増えてきてはいるが、それらにおいても結局、アドバイザーの立場や責任はえてして曖昧なのである。

ならば、「設計」業務を外注するのと同様に、**「設計発注」業務も外注してはどうだろうか**。「設計発注業務の外注先はどのように決めるのか」という、言いだしたらきりのない課題もあるが、当面は大学や研究者、JIAのような専門家団体などに依頼するということでもよいし、その仕組みが一般化してきたら「コンペのコンペ」のような発注先選考を行ってもよいだろう。

設計発注業務の外部化により、挙げたような行政主導の発注の三つの欠陥の大部分は克服可能となる。設計発注のプロセスに専門性の高い判断力を組み込むことができ、その判断根拠や決定プロセスの詳細な記録の作成・提出を求めることもできる。そして、結果としての設計、建築の評価と発注プロセスの関係性、そして各事象の責任の所在が明確になり、それは受託者の評価に直結するという形で、その後の設計発注業務の発注にフィードバックされることになるだろう。

ただし、この設計発注業務の外部化についても、もちろん適切に進められなければ効果を発揮することはできない。ただ外注をして、受託者にすべての責任を丸投げするような運用のされ方にならないために、以下のようにいくつか特に配慮すべきことがある。

まず、**このプロセス自体を社会にしっかり情報発信する必要がある**。行政は、設計発注業務の受託者の名称を公開し、計画プロセスに対する役割と責任を明確にしなくてはならない。これは設計発注というプロセスの重要度をアピールするものでもあるから、積極的に広報すべきである。

また外部化の理念を尊重し、**可能なかぎり設計発注プロセス**（計画のどのような段階で設計者を選定するか、その選定方法をどうするかなど）**の自由度を確保したうえで外部に託さなくてはならない**。そしてもちろん、それだけの費用・時間・権限を担保しなければならない。設計者の選定方法もコンペやプロポーザルだけでなく、特命や随意契約、デザインビルドといった選択肢も制限しないことを原則とすべきである。

さらに、**委託者・受託者が一体となって、この設計発注プロセスを社会的に共有する努力をしなければならない**。場合にもよるが、市民参加も含め、オープンな議論を組み込むことなどを積極的に考えるべきである。どうしても「専門性」に頼る部分が多くなる設計案の良し悪しの議論よりも、「どのように選定を行うか」を含めた設計発注方法の議論のほうが、はるかに市民による「総合性」の判断力が有効に働きやすいだろう。

ケーススタディ《オーストラリア・ハウス》

小さな建築ではあるが、公共設計発注業務の完全外部化の実例を示す。《オーストラリア・ハウス》（二〇一二年、基本設計：アンドリュー・バーンズ）は、新潟県十日町市の山中にある、オーストラリア人のアーティストが来日滞在しながら作品制作と展示を行うための小施設である。東日本大震災の余震により全壊したこの施設の再建にあたり、前施設に関係していたアトリエ・イマム＋山本想太郎設計アトリエが計画のアドバイザーとなることを依頼された。そして、そのアドバイザー・チームによりオーストラリア大使館や十日町市などの関係各者の意見を集約した計画プログラムが作成され、国際公開コンペによる設計者選定方法が提案された。以前の施設内容をおおむね継承するという計画の前提条件が明確であり、また復興の象徴としてもコンペにふさわしい建築といえたための判断であった。

Fig. 25 《オーストラリア・ハウス》（2012年、新潟県十日町市）
基本設計：アンドリュー・バーンズ・アーキテクト
実施設計・監理：アトリエ・イマム＋山本想太郎設計アトリエ

このような経緯で、木造二階建て延床面積一五〇㎡弱という小建築でありながら、著名建築家を審査員に迎えての国際設計コンペが実施されたのである（審査員：安藤忠雄、トム・ヘネガン、北川フラム）。要項づくりや審査のサポート、広報活動、また結果としてオーストラリア人建築家が選定されたため、実施設計・監理（日本の建築士資格が必要）まですべてアドバイザーが行った。もちろんコンペ要項にはアドバイザーの氏名やそのような役割についても明示された。

このプロジェクトはこの地で開催される世界的に有名なアートイベントである「大地の芸術祭越後妻有アートトリエンナーレ」と連携したものであったため、コンペ段階から大きく広報され、国内外から多くの提案が集まった。そして完成した建築は、その背景も含めて話題となり、オーストラリア建築家協会賞を受賞することとなった。賞名は《シドニー・オペラハウス》の設計者の名を冠した「ヨーン・ウッソン賞」であった。

(2) 法の壁の解除と設計発注の予算

第3章で説明したように、国や地方自治体の会計・契約方法を規定する会計法および地方自治法では、公共調達の原則は価格競争（＝入札）とされている。二〇〇五年に施行された「公共工事の品質確保の促進に関する法律」（通称「品確法」）では「競争参加者の技術的能力を審査すること」が示されたが、品確法は会計法や地方自治法に対して優先的に適用される特別法として位置づけられてはいないため、設計入札方式を排除するものではない。そのためいまだに、「コンペ」「プロポーザル」は、「随意契約」というあくまで例外的な手続きとして位置づけられてしまうのである。

　このような法的環境の最大の問題は、「**コンペ**」や「**プロポーザル**」**が例外的な手続きとされているがゆえに、その準備や運営のための十分な予算や期間を確保する根拠が説明しにくいということである**。これが、コンペが機能不全を起こしてしまう状況の一因でもある。

　建築家の仙田満らが中心となってまとめた二〇一四年、二〇一七年の日本学術会議の提言、「知的生産者選定に関する公共調達の創造性喚起」、「公共調達における知的生産者の選定に関わる法整備――創造的で美しい環境形成のために会計法・地方自治法の改正を」では、公共建築の設計発注をはじめとした知的生産者の選定において入札という方法が適切ではないこと、そのため会計法および地方自治法を改正する必要があることが明言されている（第3章6節参照）。また、同提言には、設計発注業務のために十分な予算（事業計画予算の一割程度）を費やすべきとも示されている。

　「**「いい建築」を合意するプロセス**」を実行するためには、費用・時間・労力といった多くのリソースが必要となる。それは社会全体が負わなければならないものだが、その負担は大きなものでも、不合理なものでもない。先述したように、現代日本における公共建築の多くは、切迫した困窮を解決するためにつくられているのではなく、現在よりもより優れた生活・環境を生みだす「いい建築」が得られるという改善の可能性のビジョンによってつくられている。ならば、**その可能性を上げるためのプロセスに十分な事業予算を注ぎこむことこそ、最も効率的で経済的である**と考えるべきであろう。そして前章で挙げた発注方法についてのアンケート調査の結果のように、それは社会の一般感覚によって受けいれられがたい考えではない。

コンペのための法整備において留意すべきは、「**「いい建築」を合意するプロセス**」としてのコンペがそうであるように、法律もまた社会におけるコミュニケーションの、あくまでも基盤である、ということである。その基盤のうえでなされる「「いい建築」とは何か」という議論が可能性に満ちたものとなるために、可能なかぎりその議論の障害を取り払うことこそがコンペや法律の役割であり、それらは議論の内容を誘導したり、制約を与えたりするようなものであってはならない。ゆえに、**「「いい建築」とはこういうものである」というような理念は、法や制度が掲げるべきものではないだろう**。

またもちろん、法整備だけでこのようなコンペが社会に浸透するわけではない。それは新しいコンペ概念を社会に啓蒙していくという情報発信と両輪となって初めて機能するのである。

(3) コンペにおける情報発信と検証

一つの建築計画の経緯や条件などを広く社会に知ってもらうということは、なかなか難しい。たとえば、その計画について「基本構想書」のようなものを自治体のホームページに載せても、あるいは広報誌やチラシなどで告知しても、結局は読む側にその情報を受けとる意志がなくては、きちんと読まれることも理解されることもないだろう。

「「**いい建築」を合意するプロセス**」としてのコンペは社会のコミュニケーション基盤である。そこではコンペの前提として計画の概要が周知されるのではなく、**コンペ自体によってその計画が社会に理解され、形成されていくという考え方が基本となる。**旧来のコンペでは選定された設計案の存在がアイデアの連続性を生み、建築表現の強度を生みだしていたが、「「**いい建築」を合意するプロセス**」ではより多くの人々、そして長い期間におけるプロセスの連続性が必要となる。ゆえに当然、情報の蓄積や発信はきわめて重要な要素となる。単に蓄積・発信されるだけではなく、その情報によってプロセスが理解され、検証され、改善されていかなくてはならない。ここではコンペにおける主要な情報の入出力について、そのポイントを挙げたい。

①コンペの概念や、運営方法などに関する基本情報

「コンペ」とは何か、何のために行われているのか、その目的のためにどのように実施されるべきか。それはまさに本書が発信するものでもあるが、本書はそれを「正解」として提示するわけではなく、今後のそれぞれのコンペで議論・再構築されるための基本情報と位置づけている。述べてきたように建築設計発注にはさまざまな方法概念がある。そして本書が想定するコンペ概念は、提案競争方式(=狭義の「コンペ」「プロポーザル」)を必須とするものではなく、推薦や書類審査などのあらゆる方式、さらには既存の方式を超えたあらゆる自由な形を排除するものではない。**コンペの概念や形はすべての計画プロセスにおいてそのつど議論され、再構築されながら、社会に浸透し**

ていくものであると考えている。

コンペプロセスにおいても、コンペというものの概念や運営方法についての基本情報は当然説明されなければならないものだが、それらもまた「正解」を押しつけるものではなく、あくまで議論の起点となる概念という位置づけのものであるべきだろう。

②設計者選考の要項

提案競争を行うためには、提案を募集する「要項」が必要となる。要項には、計画の理念、設計条件、審査条件などの提案に必要な情報がまとめられている。この情報伝達が適切に行われなければ優れた提案を集めることは困難となってしまうため、**要項はコンペのプロセスの中でもきわめて重要な情報発信となる。**

ある公開コンペで、ある部屋の形状を整形（長方形）にしなければならないという絶対的な条件があるにもかかわらず、それが要項に明記されなかったため、多くの設計提案が審査前に事務局によって審査対象から除外されてしまったということがあった。その条件が明記されてさえいれば、除外された提案者たちによって素晴らしい提案が生みだされていたかもしれないと考えれば、その条件提示の不備によって大きな損失がもたらされたといえるだろう。

また、そのような「情報不足」よりも頻繁に見られるのが、本当に求めている内容以上に詳細な条件を提示してしまい、提案に不必要な制限を与えてしまう「情報過剰」である。たとえば、

内容	留意点
基本理念	・計画の基本理念(この建築に何を求めるか)、経緯の詳細の提示 ・設計者に求める、計画における役割(条件の整理・問題の解決・プロジェクトの進行・意匠デザイン・詳細設計・監理など)を具体的に示す
設計条件	・求める建築条件は過不足なく明確に提示する ・決まっていない(不必要な)内容まで条件として示してしまうことを避ける(例:必要諸室、面積表など) ・設計契約条件、業務委託費もできるだけ示す
審査条件	・審査基準(重視する内容、採点方法など)を明示する ・審査のスケジュールを明示する ・要項の作成者、作成経緯、審査員やコーディネーターなど各関係者の本計画、本コンペへの関与などを詳細に示す(注:審査員は必ずしも要項作成に関与していなくてもよいが、どのように関与しているかは明示する)
その他データ	・敷地形状、地盤強度、自然条件など、全応募者が共通で必要とする基本的なデータは、可能なかぎり要項に添付して提供する ・要項で示しきれない内容は、公開シンポジウムやワークショップなどで示すことも検討する

Fig. 26 「「いい建築」を合意するプロセス」におけるコンペ要項の主な留意点

要項の一般的な体裁として必要諸室や面積表などが提示されることは多いが、詳細な検討のうえで合意している室以外については、本来は条件として提示せずに提案に委ねるべきである。もちろん意味の曖昧な情報などは論外であり、コンペ要項に書かれた予算についての曖昧な文言が《新国立競技場》計画の混迷の大きな原因となったことは前述したとおりである。これらのように、**要項における情報の不適切さは、設計者たちの多大なエネルギーと、優れた提案を集める機会を損なってしまうのである。**

可能な状況であるならば、コンペがその建築、そして設計に求めるものをより明確に伝えるために、審査員や関係者による公開シンポジウムやワークショップなども開催できるとなお良いだろう。近年、コンペの審査段階やコンペ後にこのような公開イベントが実施されることがよくあるが、コンペ自体をコミュニケーション基盤と捉えるならば、それらはコンペの募集段階にこそ行われるべきである。

③コンペプロセスの記録

計画検討委員会、公開シンポジウムやワークショップ、提案競争の経緯など、プロセスのあらゆる進行をリアルタイムで記録し、随時公開する。**リアルタイムでの記録と公開、という点が肝要で、その意味は、これらの情報を次の計画段階に継承し、計画プロセス全体に連続性をもたらすことである。**現代のインターネットを基本とした社会情報インフラは、リアルタイムであらゆる情報を公開することを可能にしている。このリアルタイムの情報によって、ある計画段階で合意された内容も、すぐ次のステップにスムーズに手渡すことができる。コンペプロセス全体が、各段階における合意を確実に継承しながら進行したという前提がなければ、結果として得られた建築の評価を、初期に行われたコンペなどのプロセスの評価としてフィードバックすることはできない。旧来のコンペ方式の欠点の一つとして、コンペ以前には設計者が参画していないがゆえに、コンペの前と後で建築の品質をコントロールする主体が変わってしまい、実施設計段階で計画が歪になってしまうというリスクがあった。このように情報の連続性が途切れたプロセスとなってしまっては、建築が完成した後にどんなに詳細な報告書が作成されたとしても、各プロセスにおける合意と、結果としての建築の評価の因果関係は不明瞭になってしまうだろう。

コンペによって設計者が選定された後の実施設計段階、施工段階においても、コンペプロセスで形成された「いい建築」の合意によって、常にその建築の姿は検証されつづけなければならない。コンペ審査の公平性にかかわるような部分を除いては、原則として公共建築計画のプロセスのあらゆる情報をリアルタイムに公開することがマイナスになることはないと考えられる。「**いい建築**」**を合意するプロセス**」が連続性を持った計画進行となるために、それは重要な条件となるだろう。

④検証報告

建築の完成後の報告書が、③で挙げたリアルタイムでの記録に加えるものは、もちろん、完成した建築の評価、およびそこからフィードバックした、計画の各プロセスの評価である。特に初期段階に行われるコンペのプロセスがそのような視点で厳密に評価検証されることはいままでは稀であった。それぞれのコンペにおいてその検証がなかったことが、コンペという方式の評価や改善を停滞させてしまってきたのではないだろうか。

コンペが社会のコミュニケーション基盤となるなら、その記録はすなわち社会の情報基盤となるべきものであるため、**コンペプロセスの検証は**、**データベース化されて一般公開され**、**また次の計画に活かされていかなければならない**。そうでなければそれは「記録のための記録」となってしまう。

また、検証報告はプロセス全体を俯瞰するものであるから、そのまとめられ方は計画ごとにかなり違ったものになるとも考えられる。データベースとしての情報価値を高めるためには、最低限必要な記録・検証項目など、ある程度基準をつくったほうが良いだろう。

5　コンペの再構築に向かって

日本において、建設計画プロセスにおけるコンペの新しいあり方を提示した事例として、二〇一五年、二〇一六年に総務省が主催した「公共施設オープン・リノベーション マッチングコンペティション」を挙げたい。

このコンペのシステムは大きく二段階に分かれたものであった。まず各地方自治体がリノベーションによって有効活用したい公共施設をデータベースに登録し、それに対する建築・デザイン提案を募集する。そしてこの一段階目のコンペで選ばれたリノベーション案を、自治体とクリエイターが連名で二段階目の本コンペに応募し、そこで選定されると総務省から整備費用が助成されるという仕組みであった。選考委員は北川フラム、隈研吾、古谷誠章、政所利子というアート、建築、地域振興の各界を代表するメンバーで構成された。

いわば「コンペのコンペ」とでもいうべきこの試みの最大の特徴は、各自治体が設計案、クリ

Fig. 27 《磯辺行久記念　越後妻有清津倉庫美術館》(2017年、新潟県十日町市)
設計：山本想太郎 「公共施設オープン・リノベーション マッチングコンペティション」(2016年)において選定された、廃校となった小学校を美術館にコンバージョンするプロジェクト

エイターを選定する一段階目のコンペをどのような方式で実施するかが完全に自由であるところであった。特に地域に密着した個別の文脈が強いリノベーションという行為に対して、一律にプロセスを強制することは適切ではなく、あくまで結果としてどのような成果が生みだされるかを総合的に評価するべき、という方法論はきわめて理にかなっており、公共コンペとしては画期的ともいえる概念であった。

同コンペは二年度にわたって二回開催され、計一二のプロジェクトが選定・実施された。また、コンペ後も一定期間「公共施設再生ナビ」というHPに継承されていたように、コンペ自体が一つの社会的な情報基盤として機能しうるということを示したことも大きな意味を持つだろう。

このコンペはまさに、本書が提案している「**「いい建築」を合意するプロセス**」に近い性質を持ったものであった。公共建築設計の発注において、このような先進的なコンペの試みが今後もなされることに期待したい。

まとめとして、本書が提案する「**「いい建築」を合意するプロセス**」としてのコンペの進行モデルを左頁に示す。これはあくまでモデルであり、「計画プロセスの構築段階」から後のプロセスは、その計画の設計発注業務を担う者が中心となって調整し、そのたびごとに大きく異なったものとなるはずである。そして、そのプロセスは建築完成後に検証され、その後の建築計画へとフィードバックされていくことになる。

〈**設計者選定まで**〉

1　計画開始段階

・計画の公表
・設計発注業務のための時間と予算の確保
・設計発注業務の外部委託（プロポーザル等の実施）

⬇

2　計画プロセスの構築段階

・市民参加による公開シンポジウム、ワークショップなどによる計画の周知と議論
・計画の理念の形成
・計画プロセスの構築。そこにおける設計者の役割の明確化
・設計者選定準備：要項の作成
・プロセスの記録、公開（随時）

⬇

3　設計者選定段階

・提案募集の広報
・公開シンポジウム、ワークショップなどによる計画と経緯の周知
・募集・審査プロセスの記録、公開（随時）
・コンペ・プロセスの記録のまとめ＝「「いい建築」の合意」

⬇

〈**設計者選定後**〉

4　設計・施工段階

・設計・設計変更・施工発注・施工時における、「「いい建築」の合意」にもとづいた検証
・プロセスの記録、公開（随時）

⬇

5　建築完成後

・報告書の作成：計画プロセスと、結果としての建築の照合による検証
・情報の蓄積（データベース）と公開・周知
・次の建築計画への反映

Fig. 28　「「いい建築」を合意するプロセス」としてのコンペの進行モデル

終章 コンペがつくる「いい建築」

「いい建築」とは何か、を明確に定義することはできない。しかし少なくとも、それは社会が一定の合意をしなければそう呼ばれないものであり、その合意のためのコミュニケーションがない社会では「いい建築」は生みだされえないだろう。そして本書でも繰り返し論じてきたように、現代日本の建築・都市をとりまく環境は、専門家と一般社会が「いい建築」とは何かを議論しあうための、共通の言葉すら満足に持ちえていないという不幸な状態にある。それが、いまコンペが上手く機能しない、それどころか行政システムから消滅しようとしていることの背景であり、また本書が、いまこそ新しいコンペを構築しなくてはならないと考える理由でもある。

まとめとなる本章では、各章を振り返りながらコンペのこれからを展望したい。

コンペ概念の再構築

第1章で詳述した新国立競技場問題において私たちは、その社会的コミュニケーション不全、そしてその結果としてのコンペの「白紙撤回」を目の当たりにした。華々しい国家事業であるはずの《新国立競技場》の計画が、あまりにもいい加減なプロセスで進められていたことが明らかになり、公共建築の存在基盤そのものへの信頼が大きく損なわれた。第1章では、この顛末がすなわちコンペというものの意義を否定するわけではなく、本来コンペを行うべきではない計画状況でそれを実施してしまったこと、またそこで沸きあがった社会的な議論を「白紙撤回」で断ち切ったことが問題であったと論じた。結果としてこの出来事は社会に、コンペにたいする否定的な印象、そして「いい建築」を議論することへの諦めにも似た感覚を与えてしまったように思われる。

いやむしろ、すでに日本には社会的なコミュニケーションへの不信感が蔓延しており、それこそがこのような問題が起きる背景となっているとも考えられる。建築デザインや建築家の価値が主として商業的で表層的なイメージとして流通するような現代において、コンペの結果が社会から否定されるということは、建築表現自体がその本質的な価値を失いつつあるということを暗示しているのではないだろうか。

第3章でも述べたようにいま、日本の行政システムからコンペが消滅しようとしている。二〇一八年に国土交通省、都道府県及び政令市で構成する全国営繕主管課長会議がまとめたマニュアル「建築設計業務委託の進め方」において、「設計競技（コンペ）」という方式が選択肢からほぼ消滅してしまった。それは今後、公共建築の発注に際してコンペが行われなくなっていくことを意味する。そのような行政の考え方には、建築の価値を「品質」に求めるという、ある面では正しくも息苦しい閉塞感のある原理が作用していることをそこでは論じた。建築家・建築界が内部で評価しあっていた建築の「質」、そして社会が求める建築の「品質」、というように建築の「価値」のイメージがしだいにずれてきてしまっている現状は、実用芸術としての建築表現そのものの意味が失われかねない危うさをもはらんでいる。

もちろん、その危うさを職能の危機として実感する建築家たちは、多くの提言によって設計発注におけるコンペの重要性を訴えてきた。しかし、そこでもコミュニケーション不全の壁は大きく立ちふさがり、結果として行政がつくりあげたものは日本独自の〝プロポーザル〟という方式であった。この「提案の審査が加味された書類審査方式」である〝プロポーザル〟に、本来は提案競争の一形式であるはずの「プロポーザル」という言葉があてられ、流通していることは、コンペにたいする日本社会の意識の低さを象徴しているように思える。

第2章ではいくつかの歴史的な有名コンペの経緯を挙げたが、これらを見ても、コンペがそうそうスムーズに進行するものではないことがわかるだろう。《新国立競技場》の比ではないくらいゴタゴタと紆余曲折したものなどいくらでもある。あるいはむしろ、建築がつくられるという流れにあえて波風を立てることこそがコンペの意義だというべきなのかもしれない。すんなりといかなかったからこそ、そこには、未知の可能性を求める社会の欲望がたくさん注ぎこまれ、時に建築・都市・社会文化に豊かな進化をもたらしてきたのである。その社会の欲望を本書では「便益への欲望」「美麗への欲望」「継承への欲望」「似姿への欲望」「調和への欲望」「公平への欲望」「破壊への欲望」の七つに分類した。コンペは、ともすれば制度や経済原理の陰に隠れて見えにくくなってしまうこれらの欲望を、建築をつくるという行為を通して活性化していく仕掛けなのである。

またそこでは、設計案という柱が社会に共有されることによって、アイデアに連続性が与えられ、強度のある建築表現を生みだすというコンペの力についても論じた。

では現代のコンペは、はたしてそれらの欲望を集約し、優れた建築表現を生みだしえているのだろうか。急速に高度化した技術が錯綜する複雑なコンテクスト、そして経済・商業主義の影響を色濃く受けた虚構性の高い社会感覚が覆っている現代社会において、ある瞬間、ある状況における社会的なコミュニケーションや合意を生みだす判断力——本書ではそれを社会の「総合性」と呼んだ——はしだいに失われてしまっているように思われる。そのような状況下で過去のコンペの形式を踏襲しても、あるいはそれらを教訓としても、それだけで優れた成果に結びつくということはないだろう。常に変化していく社会において、ある概念の継承は、その形式を更新しつづけることによってのみ可能となるのである。

第4章では、観測してきた現状のコンペの課題を、①一時点で計画条件や設計体制を決定することのデメリット、②社会的合意を形成するコミュニケーション基盤としての機能不全、と分析し、それらの課題を乗り越えて多様な状況に対応しうる新しいコンペ概念として、「**「いい建築」を合意するプロセス**」を提唱した。旧来のコンペが「どの提案を選ぶか」を主眼としてきたことにたいして、その前段の「なぜ建築をつくるのか」、「そのためにはどのように設計者を選ぶべきか」といった部分までを包括した、設計を発注するまでのプロセス全体の合意システムを「コンペ」と呼ぶ、という概念である。

急速に高機能化してきた現代建築の設計案を比較評価する現在のコンペは、必然的に「専門家が専門家を選ぶ」という、閉じた世界でのやりとりとなってしまっている。一方で「「いい建築」を合意するプロセス」としてのコンペは、そこに「「総合性」が「専門性」を選ぶ」という緊張感のある構図を重ねることによって、コンペ自体が社会的コミュニケーション、そして「総合性」そのものを生みだす基盤となることを目指す。そこでは「「いい建築」の合意」こそが、プロジェクトプロセス全体に連続性をもたらす新たな柱となるのである。

このようなプロセスの実現のためにはいくつか越えるべきハードルもある。第4章では、公共建築の設計発注業務を外部化すること、会計法や地方自治法といった法環境を見直すこと、社会との情報のやりとりをより的確でリアルタイムのものとしていくことなどを提案したが、それらのすべてが確立されていなくとも、現在の行政システムにおいて「「いい建築」を合意するプロセス」を実施することは不可能ではない。その可能性を示すような事例のいくつかもそこでは提示した。

現代日本にこそコンペを

たしかにコンペの実施には多くの手間・時間・費用がかかり、その結果どのように建築が像を結んでいくのかも、事前に想定しにくいという側面を持つ。本書が提唱する「「いい建築」を合意するプロセス」においては、それはなおさらである。しかし、第4章でも述べたように、それをもってしてコンペが効率の悪いものであると考えるべきではない。現代日本において建築を建てる理由の多くが切迫した困窮の解決ではなく、新たな価値創造の可能性の希求であると考えるならば、コンペはその可能性を上げる最も効率的で経済的なプロセスであるとも考えられるのである。

旧来のコンペが最も質の高い設計案の選定のためのシステムであったことにたいして、**「「いい建築」を合意するプロセス」**としてのコンペは社会のコミュニケーション基盤として機能することを重視する。不幸にもコンペが機能せず、それどころか行政システムから消滅しようとしている現代日本社会において、いま、このような新しいコンペの概念を構築することは、社会の人々が、自分たちの目で「いい建築」「いい環境」を判断する視野を持ち、それぞれの生活環境を自分たちの力で構築していけるという気持ちを持ちつづけるために、必要なことであると本書は考える。またもちろんそれは、公共建築の計画にのみ適用されるべきものではない。**「いい建築」の合意は、「なんとなく建築をつくる」ことから脱するためのきわめて合理的なプロセスなのだから。**

このように本書で提唱してきた**「「いい建築」を合意するプロセス」**としてのコンペの目標は、つまり社会と建築に「総合性」をもたらすことである。そして、時代は「総合性の建築」へと歩を進めている。最後に、現在の日本社会とコンペが近しいことを三点から述べたい。

第一に、**成熟社会にこそ「「いい建築」を合意するプロセス」であるコンペは欠かせない。**この時代に求められているのは、建設の量ではなく、建築の質だからである。何も焦ったり、型にはまったりする必要はない。それらは建設の量が求められ、ルーティンワークで処理するのが好適だった時代の出来事だ。対照的に、現在の私たちには十分に時間をかけ、建てただけの価値が返ってくるものを見極めるだけの余裕がある。欲望に向き合い、希望を仕立て、ここにつくるのであれば「いい建築」とは何であるかをみんなで考える。そんなふうに、一品生産である建築というものの質を高めるうえで、コンペは有効に機能するだろう。

第二に、**地域の時代を後押しするものがコンペである**。コンペには「われわれ」をつくる性質が強いことを第2章で述べた。新しい目で環境を読み解き、文化を解釈し、その地域のこれからの日常生活と誇りに貢献する「いい建築」を広く求める。そんなコンペの結果も地域性に寄与するのだが、プロセスが公開されているというコンペの性質も多大な役割を果たす。自分たちがいま、何を希求していて、「われわれ」にとって何が「いい建築」であるのか、コミュニケーションをつうじて浮かびあがるからである。こうした性格は、第2章で追った一九世紀の延長上にあり、いっそう世界が豊かで平等になり、健全な自信と愛国心・愛郷心を多くの人々が抱くようになった現在に、より適しているだろう。テクノロジーの発達も有利に働く。コンペの開催を知ったり、現地の情報を集めたり、敷地を訪れたりといったハードルがグッと下がった。多様な国土を持ち、グローバルな視点に立って、その活かし方を考えている現在の日本は、とてもコンペに向いた存在である。思い切って、方針を決め、実施すると良い。アイコニックなものを待望するのか、あるいは地域に潜在していた設計力や素材を継承する目的で募集要項を設定するか、あるいはしだいにつくりあげられていく地域デザインの礎を求めるか、それは自在だ。しっかりと欲望を吐露すれば、まだ目にしたことのない助っ人が現れ、その地域をいっそうその地域らしくするうえで力を貸してくれるに違いない。

第三に、**利己主義を超えた社会にコンペは適している**。コンペという形式は議論を生み、案をシェアさせる。アイデアが集積され、実現のために個人的な欲望を超えたコラボレーションを要求する。歴史の中のコンペに見られた、こうした個人が融解するような現象は、いまのように建築家が以前よりも優しい性格を持ち、社会が共感型であり、また、一九世紀的な建築家の概念では捉えきれないほどにインテリアデザインやコンストラクションマネジメントなど建設に関連する幅広い職能が充実した現在、いっそう起こりやすいに違いない。異なる専門性を認めあい、支払われるべき正当な対価が考慮されるのであれば、コンペは通常業務の垣根を越えて、社会の潜在的な力を発揮する絶好の機会となるはずである。**コンペは専門家を使役する。そのことでみんなの利益になる**。

コンペはこのように、**現在の成熟社会、地域、あるいはシェアの風潮と本来、相性が良いものだ**。もしコンペが、高度成長期のあだ花で、地域性やまちづくりと背反し、建築家の個人的なスターシステムを強化する前時代的なものと捉えられていたとしたら、それは従来、俯瞰的な見方を欠いていたためだろう。第2章ではコンペの成立要因を、近代における進歩する時間と分業への信頼と述べた。**コンペは、プロセスと分業を、定型化と分断に陥らせないための道具と言い換えられよ**

う。そうした本質は、同じ近代という時代にいる二一世紀においてもなんら変わらない。私たちは歴史に学び、形式をアップデートして、「総合性」をもたらすコンペというものの性格をより発揮することができる。

本書をつうじて、新しい形のコンペが生みだす価値の可能性を感じたならば、公共、民間にかかわらず、建築プロジェクトの萌芽とともに、ぜひコンペというプロセスに思いをめぐらせてみてほしい。コンペへの扉は、あらゆる建築、都市、地域、そして人々に開かれている。

あとがき

建築コンペ論というあまり語られていないテーマに取り組もうという考えのきっかけとなった、いわゆる新国立競技場問題の社会的騒動の始まりから早くも六年以上が経過し、二〇一九年末ついに《新国立競技場》が完成・オープンしました。二〇一三年から二〇一五年にかけての、この建設計画に対する問題意識の社会的な盛り上がりの中で、私たちが強く感じたのは、なぜいつまで経っても建築業界と一般社会は一緒に「いい建築」に向かう議論をすることが上手くできないのか、という閉塞感でした。それは、専門家として建築にかかわる中で私たちが常々感じていた建築業界と社会とのコミュニケーション不全が、さまざまな形で一気に噴出したかのような出来事でした。

また、同計画で華々しく実施されたコンペの問題点についても連日のようにテレビなどで報道されているのを見ながら、建築界では日常的に用いられる「コンペ」という言葉が、一般社会にもこんなに認知されたものだったのかと改めて気づかされました。そして、そこまで社会の期待感を担いえていたコンペが、ここではむしろマイナス方向に作用することになってしまったことを非常に残念に感じました。そのような思いを同時に抱いた建築家、建築史家、編集者によって本書の企画が始動しました。

このように私たちの意識の中心ははじめから、新国立競技場問題の責任追及やその建築自体への興味とは別のところにあったため、まさに紆余曲折する新国立競技場計画の進行を横目では観測しつつも、議論はおのずと、コンペという概念自体を検証するものへと広がっていきました。併せて、その議論のための情報収集として、《新国立競技場》はもちろん、古今東西のコンペの事例や、日本における公共コンペをとりまく状況などについてのリサーチも進められました。そのような議論と研究の数年にわたる積み重ねを経て、完成した《新国立競技場》が延期となった東京オリンピック／パラリンピックを静かに待つこの時期に本書をまとめることがかなったしだいです。

書名に「みんなの」と示したように、私たちは「コンペの概念と意義は社会で共有されなければならない」と考えます。そのため、建築専門家だけでなく広く多くの方々にお読みいただけるように、本文中で難しい専門用語はなるべく避ける、あるいはわかりやすく解説するように心がけましたが、もしわかりにくい言葉や固有名詞がありました場合は誠に申し訳ございませんが、ネット検索などで補完していただければと存じます。また、本文中の人名すべてについて敬称を省略させていただいた非礼も、ここにおわび申し上げます。

最後に、いつも鋭くも温かいコメントで議論を展開するきっかけをくださった『建築・都市レビュー叢書』キュレーターの真壁智治さん、企画からまとめ上げまでお世話になったＮＴＴ出版の山田兼太郎さん、その他ご関係の方々、そして本書を手にとっていただいたすべての皆様に、謝意を表したく存じます。ありがとうございました。

本書が、これからもコンペによって世界に素晴らしい建築が生みだされつづけるための一助となれば幸いです。

山本想太郎、倉方俊輔

二〇二〇年六月

註

第1章

▼1 「ラグビーワールドカップ2019日本大会成功議員連盟」の主要メンバーは以下のとおり。会長＝西岡武夫、顧問（以下）＝横路孝弘、江田五月、安倍晋三、福田康夫、麻生太郎、鳩山由紀夫、副会長（以下）＝井上義久、園田博之、下地幹郎、重野安正、浅尾慶一郎、穀田恵二、樽床伸二、遠藤利明、石森久嗣。「国会ラグビークラブ」の主要メンバーは以下のとおり。顧問＝森喜朗、会長＝中谷元ほか。

▼2 決議「国立霞ヶ丘競技場の八万人規模ナショナルスタジアムへの再整備等に向けて」二〇一一年二月一五日、<https://www.jpnsport.go.jp/newstadium/Portals/0/yushikishakaigi/20120306_yushikisha1_sankoushiryo4.pdf>。

▼3 「国立競技場将来構想有識者会議」委員（第一回時点）は、以下のとおり。安西祐一郎（日本学術振興会理事長）、安藤忠雄（建築家）、石原慎太郎（東京都知事）、遠藤利明（2020年オリンピック・パラリンピック日本招致議員連盟幹事長、衆議院議員）、小倉純二（日本サッカー協会名誉会長）、佐藤禎一（国際医療福祉大学大学院教授、元文部科学省事務次官）、鈴木寛（スポーツ議員連盟幹事長、参議院議員）、鈴木寛典（日本アンチ・ドーピング機構会長）、竹田恒和（日本オリンピック委員会会長）、張富士夫（日本体育協会会長）、都倉俊一（作曲家、日本音楽著作権協会会長）、鳥原光徳（日本障害者スポーツ協会会長）、森喜朗（日本ラグビーフットボール協会会長、衆議院議員）。

▼4 『JIA MAGAZINE』日本建築家協会、第二九五号、二〇一三年八月、<http://www.jia.or.jp/resources/bulletins/000/034/　0000034/file/bE2fOwgf.pdf>。

▼5 同シンポジウムの内容は、槇文彦、大野秀敏編著『新国立競技場、何が問題か――オリンピックの17日間と神宮の杜の100年』（平凡社、二〇一四年）を参照。

▼6 森まゆみ編『異議あり！　新国立競技場――2020年オリンピックを市民の手に』（岩波書店、二〇一四年）に掲載された、山本の論文「専門性ではなく総合性の問題として」の内容の一部を再構成した。

▼7 「新国立競技場整備計画再検討のための関係閣僚会議」のメンバーは、以下のとおり。議長＝遠藤利明（東京オリンピック競技大会・東京パラリンピック競技大会担当大臣）、副議長＝菅義偉（内閣官房長官）、下村博文（文部科学大臣）、構成員＝岸田文雄（外務大臣）、麻生太郎（財務大臣）、太田昭宏（国土交通大臣）。

▼8 「新国立競技場整備事業の技術提案等審査委員会」のメンバーは以下のとおり。委員長＝村上周三（建築環境、東京大学名誉教授）、秋山哲一（建築生産、東洋大学教授）、工藤和美（建築設計、建築家・東洋大学教授）、久保哲夫（建築構造、東京大学名誉教授）、香山壽夫（建築設計、建築家・東京大学名誉教授）、深尾精一（建築計画、首都大学東京名誉教授）、涌井史郎（景観・ランドスケープ、東京都市大学教授）。

▼9 「新国立競技場整備計画経緯検証委員会」のメンバーは以下のとおり。委員長＝柏木昇（東京大学名誉教授／元・中央大学法科大学院教授）、國井隆（公認会計士）、黒田裕（弁護士）、為末大（一般社団法人アスリート・ソサエティ代表理事）、古阪秀三（京都大学工学研究科建築学専攻教授）、横尾敬介（経済同友会専務理事／みずほ証券常任顧問）、検証協力者＝岸郁子（弁護士）。

▼10 議長の遠藤利明 東京オリンピック競技大会・東京パラリンピック競技大会担当大臣、麻生太郎財務大臣、安倍晋三内閣総理大臣など。

第2章

▼1 福田晴虔『ブルネッレスキ――イタリア・ルネサンス建築史ノート〈1〉』中央公論美術出版、二〇一一年、二一－五八頁。

▼2 『国立国際会館設計競技応募作品集』日本建築学会、一九六四年。

▼3 小林克弘『アール・デコの摩天楼』鹿島出版会、一九九〇年、八二-九六頁。
▼4 丹下健三「大東亜建設記念営造計画」『建築雑誌』第四九三号、一九四二年一二月、九六三-九六五頁。
▼5 三宅理一『都市と建築コンペティション第I巻首都の時代』講談社、一九九一年、七七頁。
▼6 クリス・ブルックス『岩波 世界の美術 ゴシック・リヴァイヴァル』鈴木博之、豊口真衣子訳、岩波書店、二〇〇三年、二一二-二一三頁。
▼7 近藤存志『時代精神と建築――近・現代イギリスにおける様式思想の展開』知泉書館、二〇〇七年、二一九頁。
▼8 ケネス・クラーク『ゴシック・リヴァイヴァル』近藤存志訳、白水社、二〇〇五年、一七一-一七二頁。
▼9 ロジャー・ディクソン、ステファン・マテシアス『ヴィクトリア朝の建築』粟野修司訳、英宝社、二〇〇七年、二三四頁。
▼10 同前、二三六、二三八頁。
▼11 クラーク『ゴシック・リヴァイヴァル』一八七-一九〇頁。
▼12 大久保慈『クリエイティブ・フィンランド――建築・都市・プロダクトのデザイン』学芸出版社、二〇一〇年、三七頁。
▼13 中岡義介、川西尋子『首都ブラジリア――モデルニズモ都市の誕生』鹿島出版会、二〇一四年、二頁。
▼14 同前、八一-一〇八頁。
▼15 同前、一六七頁。
▼16 鏡壮太郎「パリのオペラ座における建設費用及び設計変更に関する研究」『日本建築学会計画系論文集』第七三巻、第六二五号、二〇〇八年三月、六九五-七〇〇頁。
▼17 ディヤン・スジック『ノーマン・フォスター――建築とともに生きる』三輪直美訳、TOTO出版、二〇一一年、三六三-三八一頁。

▼18 エリアス・コーネル『ラグナル・エストベリ——スウェーデンの建築家』宗幸彦訳、相模書房、一九八四年、一五六―一五九頁。
▼19 同前、一七八頁。
▼20 野村明宏「植民地における近代的統治に関する社会学——後藤新平の台湾統治をめぐって」『京都社会学年報』第七号、一九九九年一二月、二〇頁。
▼21 長野宇平治「台湾総督府庁舎設計懸賞に就て」『建築雑誌』第二七一号、三二三―三二六頁。
▼22 田中重光「後藤新平の台湾ランドスケープ・デザイン」『シリーズ後藤新平とは何か——都市デザイン』藤原書店、二〇一〇年、七五―七六頁。
▼23 鶴見祐輔『〈決定版〉正伝 後藤新平 3——台湾時代』藤原書店、二〇〇五年、八四二―八四三頁。
▼24 後藤新平「都市計画と自治の精神」『シリーズ 後藤新平とは何か——都市デザイン』藤原書店、二〇一〇年、一六一頁。
▼25 長谷川堯『日本の建築［明治大正昭和］4——議事堂への系譜』三省堂、一九八一年、一七〇頁。
▼26 『東京朝日新聞』一九〇八年二月二六日朝刊、四面ほか。
▼27 「建築学会講演会」『建築雑誌』第二八九号、一―三三頁。
▼28 牧原憲夫『民権と憲法——シリーズ日本近現代史〈2〉』岩波書店、二〇〇六年、一八頁。
▼29 「大阪市役所本庁舎設計案審査の決定」『建築雑誌』第三一〇号、四九頁。
▼30 「大阪市庁舎建築概要」『建築雑誌』第四一八号、七三頁。
▼31 平塚哲朗「大阪市庁舎の変遷——中之島旧庁舎の誕生」『大阪市公文書館研究紀要』第一〇号、一九九八年、二一―六〇頁。
▼32 「大阪市庁舎建築概要」『建築雑誌』第三一一号、三四―三五頁、巻末付図。
▼33 大阪朝日新聞一九二一年五月一〇日夕刊、二面。
▼34 酒井一光「大阪市公会堂（現・大阪市中央公会堂）の指名懸賞競技図案原図について」『大阪歴史博物館研究紀要』15、二〇一七年、一〇九―一四〇頁。

▼35 ピーター・ジョーンズ『オーヴ・アラップ――20世紀のマスタービルダー』渡邉研司訳、東海大学出版部、二〇一七年、二八三頁。
▼36 同前、二八六頁。
▼37 三上祐三『シドニーオペラハウスの光と影――天才建築家ウツソンの軌跡』彰国社、二〇〇一年、三三、七六頁。
▼38 同前、四一-四四頁。
▼39 同前、四六頁。
▼40 ジョーンズ『オーヴ・アラップ』三一三頁。
▼41 三上『シドニーオペラハウスの光と影』五九－六二、六五－六七、八八-八九、一一八－一二九頁。
▼42 同前、一三五、一五九頁。
▼43 Helen Pitt, *The House: The dramatic story of the Sydney Opera House and the people who made it*, Allen & Unwin, 2018
▼44 三上『シドニーオペラハウスの光と影』一四四－一四五頁。
▼45 ジョーンズ『オーヴ・アラップ』二八一、三三四、三五〇－三五一、三五五－三九四頁。
▼46 前掲書、三三二－三三三頁。
▼47 Pitt, op. cit.

第3章

▼1 政府統計「建築着工統計調査」<https://www.e-stat.go.jp/stat-search/files?page=1&toukei=00600120&tstat=000001016965>。
▼2 『建築ジャーナル』二〇一八年一〇月号より（国土交通省「建築設計業務に関する入札・契約の実施状況」および全国営繕主管課長会議「官公庁施設の設計業務に関する実態調査の結果」にもとづく）。

▼3 「官公庁施設の設計業務委託方式の在り方に関する答申」（全文）。

▼4 『公共建築』平成三年九月二五日号。

▼5 「設計コンサルタント業務等成果の向上に関する懇談会」委員（二〇〇九年三月）は以下のとおり。小澤一雅（座長、東京大学大学院工学系研究科教授）、宮本和明（武蔵工業大学環境情報学部環境情報学科教授）、吉田敏（産業技術大学院大学教授）、大橋弘（東京大学大学院経済学研究科准教授）、畠中薫里（政策研究大学院大学准教授）、廣瀬典昭（（社）建設コンサルタンツ協会）、成田賢（（社）全国地質調査業協会連合会）、遠藤修一（（社）全国測量設計業協会連合会）、三栖邦博（（社）日本建築士事務所協会連合会）、以下国土交通省の課長・室長等一一名。

▼6 国土交通省大臣官房官庁営繕部「プロポーザルを始めよう！――質の高い建築設計の実現を目指して」公表年は不明、<http://www.mlit.go.jp/gobuild/sesaku/proposal/2008-8.pdf>。

▼7 「建築設計業務委託の進め方」平成三〇年度、<https://www.mlit.go.jp/gobuild/susumekata.html>。作成に参画したのは北海道、宮城県、埼玉県、東京都、神奈川県、愛知県、広島県、徳島県、福岡県、名古屋市の一〇の自治体、および国土交通省。建築設計三会（日本建築士会連合会、日本建築士事務所協会連合会、日本建築家協会）の意見聴取も行われた。概要版と本文があるが、本文では「設計者選定方式の種類」の項で一回だけ設計競技方式（コンペ）に触れている。概要版では「設計業務の内容に応じた適切な設計者選定方式」としての選択肢は「プロポーザル方式」「総合評価落札方式」「価格競争方式」のみであり、「コンペ」はまったく登場しない。

▼8 「日本学術会議土木工学・建築学委員会、デザイン等の創造性を喚起する社会システム検討分科会」のメンバーは以下のとおり。仙田満（委員長、東京工業大学名誉教授）、福井秀夫（副委員長、政策研究大学院大学教授）、南一誠（芝浦工業大学工学部教授）、吉野博（東北大学名誉教授）、和田章（東京工業大学名誉教授）、木下勇（千葉大学大学院園芸学部教授）、小澤紀美子（東京学芸大学名誉教授）、小玉祐一郎（神戸芸術工科大学教授）、佐藤滋（早稲田大学理工学術院創造理工学部建築学科教授）、進士五十八（東京農業大学名誉教授）、中井検裕（東京工業大学大学院社会理工学研

究科教授）、濱田正則（早稲田大学名誉教授）、矢田努（愛知産業大学大学院造形学研究科教授）。

▼9 「日本学術会議法学委員会・経済学委員会・土木工学・建築学委員会合同　知的生産者の公共調達検討分科会」メンバーは以下のとおり。仙田満（委員長、東京工業大学名誉教授）、福井秀夫（副委員長、政策研究大学院大学教授）、南一誠（芝浦工業大学建築学部建築学科教授）、矢田努（愛知産業大学大学院造形学研究科建築学専攻長・教授）、白藤博行（専修大学法学部教授）、永瀬伸子（お茶の水女子大学基幹研究院教授）、吉野博（東北大学総長特命教授、東北大学名誉教授、秋田県立大学客員教授、前橋工科大学客員教授）、金本良嗣（電力広域的運営推進機関理事長）、木下勇（千葉大学大学院園芸学部教授）、小澤紀美子（東京学芸大学名誉教授）、亘理格（中央大学法学部教授）、木下誠也（日本大学危機管理学部教授）。

第4章

▼1 日本学術会議 土木工学・建築学委員会 デザイン等の創造性を喚起する社会システム検討分科会「提言 知的生産者選定に関する公共調達の創造性喚起」二〇一四年九月三〇日、<http://www.scj.go.jp/ja/info/kohyo/pdf/kohyo-22-t199-5.pdf>。

図版出典・クレジット

Fig.1: Zaha Hadid Architects 提供
Fig.2: 同前
Fig.3: 同前
Fig.4: ©大成建設·梓設計·隈研吾建築都市設計事務所共同企業体／JSC 提供
Fig.5: 著者作成
Fig.6: 🅭 BY-SA 2.0／Bruce Stokes 撮影
Fig.7: 🅭 BY-SA 3.0／Daderot 撮影
Fig.8: Chicago Tribune, *The International Competition for A New Administration Building for The Chicago Tribune MCMXXII*, Rizzoli International Publications INC, 1981
Fig.9: John Zukowsky ed., *Chicago Architecture 1872-1922: Birth of a Metropolis*, Prestel Pub, 1987
Fig.10: 🄍 Adrian Pingstone 撮影
Fig.11: 🅭 BY-SA 2.0／Markus Trienke 撮影
Fig.12: 上 🅭 BY-SA 3.0 BR　下 🄍 Mario Roberto Duran Ortiz 撮影
Fig.13: 🅭 BY-SA 2.0／Peter Rivera 撮影
Fig.14: United States Library of Congress's Prints and Photographs division所蔵
Fig.15: 🅭 BY-SA 3.0／Agadez 撮影
Fig.16: 🅭 BY-SA 2.0／Bengt Nyman 撮影
Fig.17: 🄍
Fig.18: 🅭 BY 3.0
Fig.19: 🅭 BY-SA 3.0／Wiiii 撮影
Fig.20: 山本想太郎撮影
Fig.21: 著者作成
Fig.22: 同前
Fig.23: Lucas Museum of Narrative Art 提供
Fig.24: 著者作成
Fig.25: 山本想太郎撮影
Fig.26: 著者作成
Fig.27: 山本想太郎撮影
Fig.28: 著者作成

巻末資料 1

新国立競技場基本構想国際デザイン競技募集要項（抄）

I. 応募条件

2. 競技方式：公開デザイン競技

3.1 主催者：独立行政法人日本スポーツ振興センター

4.1 目的：2019 年に日本で開催されるラグビーワールドカップ及び 2020 年オリンピック・パラリンピック競技大会を視野に入れた国立競技場の改築に係る新国立競技場基本構想デザイン案を募集するものである。

4.2 対象：競技の対象（提案を求める新国立競技場基本構想デザイン案の内容）は、スタジアムのデザインに関する事項、臨場感あふれる観覧席に関する事項、観客等の周辺駅からスタジアムへのアクセス及び入退場動線処理に関する事項、ホスピタリティ機能及びスポーツ以外のスタジアムの利活用に関する事項、環境配慮に関する事項（省エネルギー、エネルギー多重化及び緑化等）、構造計画・屋根の架構及び開閉機構に関する事項並びに事業費及び工期に関する事項とする。

7. 応募者

7.1 次の（1）から（3）に掲げる全ての条件を満たす場合に、応募資格が認められる。

（1）建築士法（昭和 25 年法律第 202 号）第 23 条の規定に基づく一級建築士事務所、外国においては、デザイン競技の対象となる建築物の設計監理業務を行う資格を有する企業であること。

（2）応募者の代表者若しくは構成員が次のいずれかの資格を有する者であること。

① 建築士法に基づく一級建築士である者

② 外国においては、デザイン競技の対象となる建築物の設計監理業務を行う資格を有する者

（3）応募者の代表者若しくは構成員が次のいずれかの実績を有する者であること。

① 次のいずれかの国際的な建築賞の受賞経験を有する者

1）高松宮殿下記念世界文化賞（建築部門）

2）プリツカー賞

3）RIBA（王立英国建築家協会）ゴールドメダル

4）AIA（アメリカ建築家協会）ゴールドメダル

5）UIA（国際建築家連合）ゴールドメダル

② 収容定員 1.5 万人以上のスタジアム（ラグビー、サッカー又は陸上競技等）の基本設計又は実施設計の実績を有する者

8.　スケジュール

(1) 募集要項（提供資料一式）交付開始：平成24年7月20日13時以下同じ。）

(5) 作品受付期間：平成24年9月10日～平成24年9月25日17時（必着）

(6) 一次審査：平成24年10月16日（予定）

(7) 最優秀賞候補作品発表：平成24年10月18日（予定）

(8) 二次審査：平成24年11月7日（予定）

(9) 審査結果発表：平成24年11月中旬（予定）

(10) 表彰式：平成24年11月下旬（予定）

10.　応募者が提出する図書等

10.1　応募者が提出する図書等は以下のとおりとする（以下「作品」という。）。

(1) スタジアムの外観及び内観パース

(2) スタジアムの施設建築計画・概略設計

(3) テーマ別の計画提案：以下に示すテーマに関する提案内容について、それぞれA4判用紙1枚（日本語で1,000字以内、英語で500語以内）にまとめる。

テーマ①：臨場感あふれる観覧席に関する考え方

テーマ②：観客等の周辺駅からスタジアムへのアクセス及び入退場動線処理に関する考え方

テーマ③：ホスピタリティ機能及びスポーツ以外のスタジアムの利活用に関する考え方

テーマ④：環境配慮に関する考え方（省エネルギー、エネルギー多重化及び緑化等）

テーマ⑤：構造計画、屋根の架構及び開閉機構に関する考え方

テーマ⑥：事業費及び工期に関する考え方（事業費は、建物本体と外構部分を分けて提示すること。）

15.　審査委員会

〈施設建築に係る有識者審査委員〉

委員長　安藤 忠雄（東京大学名誉教授）

委員　鈴木 博之（青山学院大学教授）

委員　岸井 隆幸（日本大学教授）

委員　内藤 廣（前東京大学副学長）

委員　安岡 正人（東京大学名誉教授）

〈スポーツ利用に係る有識者審査委員〉

委員　小倉 純二（財団法人日本サッカー協会会長）

〈文化利用に係る有識者審査委員〉

委員　都倉 俊一（作曲家、一般社団法人日本音楽著作権協会会長）

〈日本国以外の国籍を有する建築家審査委員〉

委員　リチャード・ロジャース（英国建築家）
委員　ノーマン・フォスター（英国建築家）
〈主催者〉
委員　河野 一郎（独立行政法人日本スポーツ振興センター理事長）
〈専門アドバイザー〉
和田 章（東京工業大学名誉教授、日本建築学会会長）

16.　賞金
16.2　最優秀賞 1 点の賞金は、2,000 万円とする。
16.3　優秀賞は 1 点とし、賞金は、700 万円とする。
16.4　入選は 1 点とし、賞金は、300 万円とする。

20.　デザイン監修、設計及び工事との関連
(1) 最優秀者は、デザイン監修を行う。
(3) 基本設計及び実施設計の設計者は、今後、改めて公募型プロポーザルを行い選定する。

Ⅱ．デザイン提案条件

1.　新国立競技場に求められる主な要件（目指すスタジアムの姿）
(1) 大規模な国際競技大会の開催が実現できるスタジアム
・国家プロジェクトとして、世界に誇れ、世界が憧れる次世代型スタジアムを目指す
・アスリートやアーティストのベストパフォーマンスを引き出す高性能スタジアムを目指す
(2) 観客の誰もが安心して楽しめるスタジアム
・世界水準のホスピタリティ機能を備えたスタジアムを目指す
・開閉式の屋根や、ラグビー、サッカー及び陸上いずれの競技の開催においても、競技者と観客に一体感が生まれる観覧席を備えた、快適で臨場感あふれるスタジアムを目指す
(3) 年間を通してにぎわいのあるスタジアム
・コンサート等の文化的利活用を楽しめる工夫が施され、特に音響に配慮された多機能型スタジアムを目指す
・各種大会や文化利活用がない時でも気軽に楽しめる商業・文化等の機能を備えたスタジアムを目指す
(4) 人と環境にやさしいスタジアム
・最先端の環境技術を備え、緑あふれる周辺環境と調和するスタジアムを目指す
・震災等の災害発生時にも安全で、避難・救援等に貢献できるスタジアムを目指す

・スタジアム内外及び周辺駅からのバリアフリーに配慮されたスタジアムを目指す

2.1　位置及び規模

① 所在地：東京都新宿区霞ヶ丘町 10 番 1 号ほか（東京都新宿区及び東京都渋谷区）

② 計画対象範囲：計画対象範囲は、スタジアムの施設建築敷地及び国立競技場の改築に当たってスタジアムと一体的な空間として、周辺駅からのバリアフリールート、スタジアム来場者の溜まり空間の確保及び既設の都市計画公園

（以下「公園」という。）を再配置する範囲

3.　新国立競技場の施設内容

3.2　新国立競技場の施設構成

新国立競技場		
機能	諸室	必要面積
競技等機能		
競技場等	・ラグビー、サッカー、陸上競技を実施 ・コンサート等のイベントを実施	約32,000㎡
競技関連諸室	・練習用走路（バックスタンド下） ・トイレ、倉庫、廊下等	
競技等関連機能		
競技者等関連諸室	・選手更衣室、シャワー室、控室等 ・ウォーミングアップスペース ・監督室 ・トレーニングルーム ・チームバス等専用出入口、駐車スペース（駐車場面積に含む） ・コンサート等のイベント関係諸室等	約15,000㎡
医務、 アンチドーピング諸室	・医務室 ・ドーピングコントロール室等	
運営管理関連諸室	・運営本部室、会議室等 ・記録室 ・係員控室、操作室等 ・審判更衣室、審判ウォーミングアップスペース ・コミッショナールーム ・写真判定室等	
共用部	・トイレ、倉庫、廊下、各諸室等	

観覧機能		
観客席	・収容：陸上で8万人＋ラグビー、サッカーで臨場感あふれる観覧席（バリアフリー対応席、VIP、記者席を含む）、通路	約111,000㎡
観覧等関連施設	・入場口、チケット売り場、総合案内所等 ・救護室 ・託児室、授乳室 ・トイレ、喫煙スポット、通路等	
飲食、物販	・レストラン、売店	
メディア機能		
記者席、放送席	・観客席面積に含む	約4,000㎡
メディア関連諸室	・記者等の作業スペース、カフェラウンジ、控室等 ・実況放送スタジオ等	
会見室	・会見場 ・ミックスゾーン	
共用部	・トイレ、倉庫、廊下等	
放送関係車用スペース	・中継車等放送関係車用スペース （駐車場面積に含む） ・メディア用駐車場等 （駐車場面積に含む）	
ホスピタリティ機能		
VIP／VVIP席	・観客席面積に含む	約25,000㎡
ホスピタリティ諸室	・スポンサー等のバルコニー席が付いた個室形式の観戦ボックス	
	・VIP用のラウンジ、レストラン、飲食スペース等 ・VVIP控室等	
共用部	・トイレ、倉庫、廊下等	
防災警備機能		
警備関連諸室	・警備本部 ・警備員控室等 ・警察・消防控室等	約1,000㎡
スポーツ振興機能		
スポーツ博物館等	・博物館、図書館等	約21,000㎡
スポーツ関連商業	・スポーツに関連する幅広い業種業態の店舗等の集積 ・スポーツ産業としてのアンテナショップ等 ・トレーニングセンター	
共用部	・トイレ、倉庫、廊下等	

維持管理機能		
管理運営諸室	・管理運営に係る本部機能 ・会議室等	約35,000㎡
維持管理諸室	・防災センター、設備センター、清掃センター ・駐車場センター ・各種倉庫、備品等置き場等	
各種設備機械室等	・受変電設備、受水排水設備、熱源設備等 ・トイレ、倉庫、廊下等	
容積対象床面積	（駐車場除く）	約244,000㎡
駐車場	・来客、中継、メディア、搬入用スペース、車路等	約46,000㎡
延床面積		約290,000㎡

4.1　工事費概算

・総工事費は、約1,300億円程度を見込んでいる。ただし、以下の項目については、上記工事費には含まれない。

①スタジアムの施設建築敷地以外の工事費 ②既存建築物の除去費 ③什器、備品類 ④コンピュータなどの機器類 ⑤利用休止に伴う諸費用 ⑥デザイン監修費・設計監理料

4.2　事業スケジュール

・設計期間及び建設工事期間は次のように見込んでいる。

①基本設計期間：平成25年4月から平成26年3月

②実施設計期間：平成26年4月から平成27年3月

③建物解体期間：平成26年7月から平成27年10月

④建設工事期間：平成27年10月から平成31年3月

巻末資料 2

「官公庁施設の設計業務委託方式の在り方に関する答申」(全文)

建設大臣　大塚雄司殿

平成 3 年 3 月 20 日

建築審議会会長　丹下健三

官公庁施設の設計業務委託方式の在り方に関する答申

平成 2 年 3 月 20 日付け、建設省営管発第 74 号をもって、貴職から当審議会に諮問のあった「官公庁施設の設計業務委託方式の在り方について」の調査審議を行い、結論を得たので次のとおり報告する。
本件に関し、当審議会の調査審議に参加した委員は、次のとおりである。

委員
丹下健三 (会長)　大津留温 (会長代理)
芦原義信　池田武邦　石井幹子　石澤六郎　石橋信夫　石見隆三　磯崎新　磯部力
伊藤滋　井上雄治　猪口邦子　内井昭蔵　内田祥哉　梅澤忠雄　穎川史郎　大塩洋一郎
大高正人　小川信子　冲塩荘一郎　北代禮一郎　北畠照躬　救仁郷斉　小粥正己
小場晴夫　小早川光郎　柴田隆三　高田通夫　竹中統一　田鍋健　永井多恵子　中西実
長谷川逸子　日笠端　福井晟　藤井正一　古川修　牧野徹　松田妙子　丸山良仁
水本浩　矢田忠昭　山崎完　湯川龍二　横山修二　吉野照蔵

官公庁施設の設計業務委託方式の在り方について

近年、真の豊かさを求める国民意識を反映して、官公庁施設においても、潤い、ゆとり、文化性や地域の良好な環境形成への寄与等が求められている。また、技術革新の進展や新たな行政需要の現出により、高度な機能やこれまでにない機能が求められるようになってきている。

こうした新たな社会的要請に応え、国民共有の資産として誇り得る質の高い施設を整備していくためには、より優れた創造性と高度な技術力に基づいた質の高い設計が不可欠となっている。

このような官公庁施設に係る設計業務を委託する場合において、質の高い設計成果を得るためには、設計業務の内容に最もふさわしい設計者の選定や適正な委託条件の整備等望ましい設計業務委託方式の確立が重要である。

当審議会は、このような観点に立って、「官公庁施設の設計業務委託方式の在り方」についての基本的な考え方を示すものである。

1、設計者選定の在り方

(1) 建築設計の特徴と設計者選定の重要性

一般に、建築設計は、発注者がこれを委託する時点では設計対象施設の用途、規模、総工事費、敷地状況等の設計条件を示すにとどまり、当該施設のデザイン、構造その他成果物の詳細は確定していない。すなわち、建築設計は、発注者の企画目的を実現するため、設計条件を基に設計者が創意工夫をもって施設の空間構成を具体化するものであり、成果物が必ずしもあらかじめ特定できない業務である。このため、建設される建築物の質や経済性等は設計者の選定によって大きく左右される。

官公庁施設は国民共有の資産として質の高さが求められることから。その設計業務を委託しようとする場合には、設計料の多寡による選定方法によってのみ設計者を選定するのではなく、設計者の創造性、技術力、経験等を適正に審査のうえ、その設計業務の内容に最も適した設計者を選定することがきわめて重要である。

(2) 創造性、技術力等を審査する選定方式の活用

創造性、技術力、経験等を審査する設計者選定の方式として一般に用いられているものは、次に示す設計競技方式、プロポーザル方式および書類審査方式に大別できる。設計者の選定にあたってはそれぞれの方式について、その主旨・特徴を十分に踏まえ、設計業務の目的および内容に応じて適切に活用する必要がある。

① 設計競技方式は、提出された具体的な設計案を審査し、設計者を選定する方式である。

② プロポーザル方式は、提出された設計対象に対する発想・解決方法等の提案を審査し、設計者を選定する方式である。

③ 書類審査方式は、当該業務の工程企画、設計チームの構成、設計者の経歴・作風等に関する資料を提出させ、必要に応じ面接・ヒアリングを行ってこれを審査し、設計者を選定する方式である。

なお、これらの各方式が適切に活用されるよう、その実施方法等について所要の整備が必要である。

(3) 設計者選定の公正性の確保

官公庁施設は国民共有の資産であり、その設計者選定が公正に行われるべきことがきわめて重要である。このため、選定委員会等の審査機関を設置するなどの選定の手続きおよび評価の方法を明確にする必要がある。審査機関を設置する場合には、設計業務の内容等を総合的に判断し、必要に応じ発注機関外の委員を加えるとともに審査経緯その

ほか必要とされる情報について公表することが望ましい。

2、委託条件の整備の必要性

(1) 内容および範囲の明確化

委託条件としての業捞の内容および範囲を明確にすることは、受託者の円滑な業務遂行上必要であるとともに、業務内容に見合った設計料を算定する前提条件としても重要である。このため、設計業務の委託にあたっては、仕様書等においてこれを明確に示すとともに、その変更等の取扱いについても明確化を図る必要がある。

(2) 適正な設計期間の設定

建築設計は、検討を繰り返しながらその密度、完成度を上げていくという性格がある。このため、設計期間が不十分な場合は、設計者の創造性、技術力、経験等が十分発揮されず、良質な設計が確保されないおそれがある。したがって、設計業務の委託にあたっては、適正な設計期間を設定することが必要である。

(3) 適正な設計料の算定

設計業務の内容に見合った設計料が確保されない場合は、受託者の十分な業務実施体制が期待できず、結果として設計の質の低下につながるおそれがある。したがって、設計業務の委託にあたっては、適正な設計料を算定することが必要である。

3、実施すべき具体的施策

以上のような考え方を踏まえて、官公庁施設の設計業務秀託が適切かつ円滑に実施できるよう、次のような具体的施策を講ずることが望まれる。

(1) 設計者選定方式の標準的な実施方法の整備

設計競技方式、プロポーザル方式および書類審査方式の各設計者選定方式について、選定の手続き、選定委員会の設置、評価の方法等を盛り込んだ標準的な実施方法等を整備する。

(2) 委託条件の整備

① 設計業務の内容および範囲の明確化を図るため、標準的な設計業務委託仕様書等を作成する。

② 適正な設計期間の設定を図るため、設計業務の内容に応じて標準的にどの程度の設計期間が必要であるのかについて調査・検討を行い、標準設計期間を設定する。

③ 適正な設計料の算定に資するため、「建築士事務所の開設者がその業務に関し請求することのできる報酬基準」(昭和 54 年 7 月 10 日建設省告示第 1206 号) 等に基づく設計料の算定が的確かつ容易に行なえるよう、その算定要領を作成する。

［著者紹介］

山本想太郎（やまもと・そうたろう）

1966年東京生まれ。建築家、山本想太郎設計アトリエ主宰。早稲田大学理工学研究科修了後、坂倉建築研究所に勤務。2004年より現職。東洋大学、工学院大学、芝浦工業大学非常勤講師。建築作品に《磯辺行久記念 越後妻有清津倉庫美術館》、《来迎寺》、《南洋堂ルーフラウンジ》（南泰裕、今村創平と共同設計・監理）など。著書に『建築家を知る/建築家になる』（王国社）。共著に『異議あり、新国立競技場』（岩波書店）など。

倉方俊輔（くらかた・しゅんすけ）

1971年東京生まれ。建築史家、大阪市立大学准教授。早稲田大学理工学研究科修了後、博士（工学）。建築史の研究や批評に加え、建築公開イベント「イケフェス大阪」の実行委員を務めるなど、建築の価値を社会に広く伝える活動を行なっている。著書に『吉阪隆正とル・コルビュジエ』（王国社）、『伊東忠太建築資料集』（ゆまに書房）、『東京モダン建築さんぽ』（エクスナレッジ）。共著に『建築の日本展』（建築資料研究社）など多数。

建築・都市レビュー叢書 06

みんなの建築コンペ論
―― 新国立競技場問題をこえて

2020年7月22日　初版第1刷発行

著　者　山本想太郎・倉方俊輔

発行者　長谷部敏治

発行所　NTT出版株式会社
〒108-0023　東京都港区芝浦3-4-1 グランパークタワー
営業担当 / TEL 03-5434-1010　FAX 03-5434-0909
編集担当 / TEL 03-5434-1001　https://www.nttpub.co.jp/

造本設計　松田行正＋杉本聖士

印刷・製本　中央精版印刷株式会社

ISBN 978-4-7571-6082-8 C0052

建築・都市レビュー叢書　創刊の辞

21世紀の建築と都市のための議論を生む新しい知のプラットフォームを築く必要があります。そのために20世紀を生んできたこれまでの知の棚卸しを図り、新たな時代のパラダイムに対応する論考＝レビューのための場づくりが求められています。本叢書の主題は、現在の建築・都市に潜む事態・事象・現象・様相等のその問題性を指摘し、新たな局面を切り開いてゆくための独創的な力を示すことにあります。そして、レビューの機会をより多くの世代間、分野間に拡げ、そこから議論と理解を深め問題の所在を明らかにしてゆきます。

本叢書が、21世紀の建築と都市にわたる論考の場を活発化することを期待しています。

叢書キュレーター　真壁智治

建築・都市レビュー叢書

01

妹島和世論

マキシマル・アーキテクチャーI

服部一晃

建築のモダニズム、ポストモダニズムの流れを、突然「切断」するかのように現れた妹島和世。その発想の根底には「世界」と「私」の「亀裂」を丸ごと飲み込む姿勢があった。80年代生まれの俊英が放つ建築史の冒険。

定価（本体2400円＋税）ISBN978-4-7571-6070-5

02

モダニズムの臨界

都市と建築のゆくえ

北山恒

社会はいま、モダニズム建築に代わる新たな空間を求めている。世界中へ輸出され、各国で独自の発展を遂げてきた、モダニズム建築。ポストモダンを経て、グローバル経済によって翻弄され続ける建築の明日を探る。

定価（本体2600円＋税）ISBN978-4-7571-6071-2

03

営繕論

希望の建設、地獄の営繕

内田祥士

建築の工業化がもたらした設備の重装化によって、修繕することの技術的な困難に直面するモダニズム建築。建築と修繕を併せ持つ「営繕」という古来よりある言葉を、再解釈しなおすことで、現代建築の希望をつなぐ。

定価（本体2600円＋税）ISBN978-4-7571-6072-9

04

フラジャイル・コンセプト

青木淳

2011年の東日本大震災以降に、さまざまな媒体に紡いできた言葉をあつめた建築エセー。原っぱと遊園地につづく新たなキーワードのもとに、震災以降の建築への取り組み方の変化、息遣い、さらに今後の展望を描く。

定価（本体2600円＋税）ISBN978-4-7571-6074-3

05

隈研吾という身体

自らを語る

大津若果

「負ける建築」を掲げる隈研吾はなぜ勝ち続けられるのか？これまでの実人生の歩みと、数ある著作と建物とを重ね合わせ、さらに隈自身にインタビューすることで、その創作に隠された「受動的なバネ」を明らかにする。

定価（本体2600円＋税）ISBN978-4-7571-6076-7